KB272511

돈도 마음도 여유로운 부자가 되길 바랍니다.

소중한 마음을 담아 _______________ 님께

돈도 마음도 여유로운 부자가 되길 바랍니다.

소중한 마음을 담아 _______________ 님께

부의
방정식

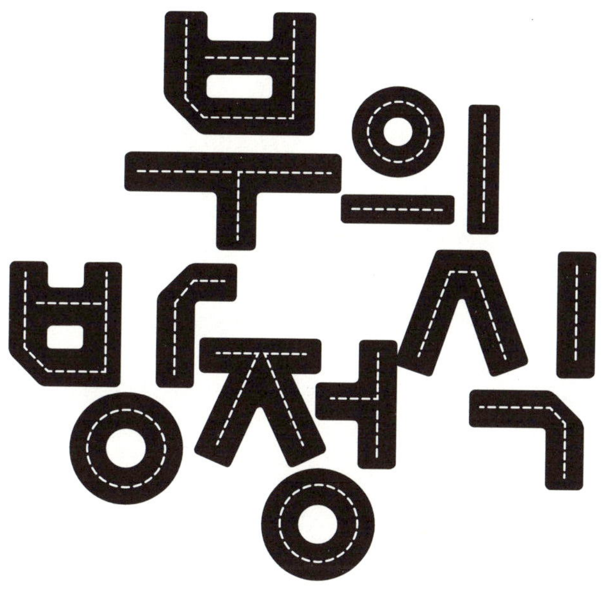

정환용 지음

제우미디어

부자를 만드는
두 가지 공식

투자가 부자를 만든다

"투자 좋아하세요?"라고 물으면 대부분은 다음과 같이 대답합니다. "돈 잃을 수도 있잖아요. 안 할래요." "아직 돈이 없으니까 나중에 하려고요." "저는 무조건 안정적인 게 좋아요." 하지만 지금, 그리고 앞으로 다가올 시대에는 투자를 하면 죽을 수도 있고 살 수도 있습니다. 반대로 저축을 하면 반드시 죽을 수 밖에 없는 게 현실입니다.

초저금리 그리고 물가상승률, 이 두 가지가 우리를 힘들게 하는 가장 큰 문제입니다. 금리는 낮아지고 물가는 하늘 높은 줄 모르고 끝없이 오르기만 합니다. 요즘 물가상승률이 1%대에 불과하다는 발표가 나오지만, 실질적으로 와 닿는 체감물가는 각종 통계치를 상회할 정도로 엄청나게 높습니다. 열심히 높은 이자율을 찾아 저축을 해도 물가상승률을 따라잡지 못합니다. 그래서 뉴스에서 마이너스 금리라고 떠들어 대는 것이죠. 즉, 저축을 하면 내 돈의 가치는 하락합니다. 시간이 지날수록 돈의 가치는 더 많이, 그리고 더 빨리 하락하고 그렇게 자본주의 사회에서 도태되어 죽어 나갈 수밖에 없습니다.

부자들은 어떠한가요? 부자들은 저축이 아닌 투자를 합니다. 투자의 종류를 대표적으로 분류하자면 부동산, 사업, 금융상품이 있습니다. 이 세 가지 중 아무것도 하지 않은 부자가 있을까요? 단언컨대, 없습니다. 물론 연 수입이 10억 원이라면 적금만 해도 부자가 되겠지만, 그런 사람이 과연 적금을 할까요? 십중팔구 투자를 할 것이 분명합니다. 부자들은 투자를 두려워하지 않고 즐깁니다. 돈을 불리고 굴려 나가는 것을 좋아한다는 뜻이죠. 반면 보통 사람들은 내 돈을 지키는 저축을 좋아합니다. 저축은 지키는게 아니라 조금씩 잃어가는 것임을 모르고 원금보장의 함정에 빠집니다. 하지만 투자가 없다면 부자는 탄생할 수 없습니다.

화폐가치의 하락으로 저축한 돈을 천천히 잃어가며 자연사하는 것이나, 투자로 인해 원금손실이라는 사고를 당하는 것이나, 어차피 죽는 건 같습니다. 저는 죽고 싶지 않습니다. 죽을 수 밖에 없다는 것을 알면서 저축할 수는 없습니다. 50%라도 살아날 희망이 있다면 당연히 투자를 하는게 정답입니다.

부자는 '돈'이 있다

돈이 있으니까 부자인데 당연한 소리 아니냐고 생각할 수도 있지만, 그렇게 쉽게 넘길 문제가 아닙니다. 앞서 '돈이 많아도 투자하지않으면, 부자가 될 수 없다'라고 한 까닭은 투자 없이는 돈을 불리지 못하기 때문입니다. 이 말은 반대로 생각하면, 돈이 없다면 아무리 투자를 해도 돈이 늘어나는 데 한계가 있다는 뜻입니다. 100만원 투자해서 20% 수익이 나면 20만 원이고, 1억을 투자해서 20%수익이 나면 2000만 원입니다. 같은 20% 수익이 누군가에게는 소소한 용돈 수준에 불과하지만 다른 누군가에게는 평범한 직장인의연봉이 될 수도 있습니다.

투자가 돈을 불리느냐 못 불리느냐를 결정지었다면, 돈이 있고없고의 차이는 돈이 불어나는 '속도'를 결정 짓습니다. 부자들이 더부자가 되는 이유는 돈이 돈을 벌기 때문입니다. 지치지 않고 빨리부자가 되기 위해선 속도를 올려야 합니다. 즉, 속도를 올리기 위해선 돈이 필요하므로 돈을 모아야 합니다.

한 가지 더 덧붙이자면, 돈이 없을 때 찾아오는 기회만큼 허탈한것이 없습니다. 아무리 좋은 투자 기회를 잡아도, 저기에 투자하면오를 게 뻔히 보여도 돈이 없다면 투자할 수 없고, 그저 돈 있는 다른 누군가가 큰 성공을 거두는 것을 바라볼 수 밖에 없습니다. 우리가 살아가는 자본주의 사회에서는 돈이 없다면 기회가 찾아와도놓칠 수밖에 없습니다. 기회가 찾아 왔을 때 잡기 위해선 충분한 준비를 갖추어야 합니다. "우리가 돈이 없지, 시간이 없냐." 비록 우리가 단기간에 부자가 될 수는 없지만, 젊기 때문에 시간은 우리편입니다. 지금부터 노력한다면 우리도 충분히 부자가 될 수 있습니다. 시간에 투자하고, 투자하면서 돈을 모으고, 모은 돈으로 또 투자하는 것이 평범한 우리도 부자가 될 수 있는 방법입니다.

저는 부자가 되기로 결심했습니다. 이 책을 읽는 여러분도 저와 '함께' 부자가 되었으면 합니다.

차례

부자를 만드는 두 가지 공식

내게 맞는 맞춤형 재테크 플랜 골라보기

대학생 재테크 이야기　14

새내기 직장인의 필수 재테크　16

용감하게 독립한 자취생을 위한 재테크 팁　22

맞벌이 부부 플랜　25

외벌이 부부를 위한 경제 팁　30

결혼보다 나 자신의 행복을 찾는 싱글 재테크　33

Part 1 집 나간 월급을 찾습니다

1_ 내 월급은 다 어디로 간 걸까?　40

2_ 통장 나누기, 대체 어떻게 나누라는 걸까?　46

3_ 복잡한 가계부, 어떻게 써야 하나요?　58

4_ 학자금대출을 먼저 갚는 게 좋을까?　64

5_ 알뜰하게 연애할 수 있는 방법 없을까?　72

Part 2 은행의 쌩얼을 수배합니다

6_ 월급통장 은행과 주거래 은행, 어떻게 고를까?　80

7_ 예금과 적금, 왜 만기 이자가 다를까?　84

8_ 풍차적금, 매달 만기가 돌아오는 적금이라고?　90

9_ 주택청약종합저축, 이거 꼭 가입해야 하나요?　95

10_ 이름도 어려운 '방카슈랑스', 대체 정체가 뭘까?　100

11_ 만기 때마다 내기 아까운 이자소득세, 줄일 방법이 없을까?　105

12_ 만능통장 ISA는 어떻게 쓰는 건가요?　111

Part 3 부자는 증권사와 친하다

13_ 직장인의 필수품, CMA?　118

14_ 소액투자의 시작 '펀드', 어디서부터 시작할까?　123

15_ 적립식과 거치식, 내게 맞는 펀드 투자 방식은 어느 쪽?　129

16_ 펀드에 관련된 각종 수수료, 왜 이렇게 많나요?　135

17_ 돈이 없어도 주식 투자를 할 수 있을까요?　141

18_ 주식을 어떻게 사고파나요?　149

19_ 주식보다 안전하다는 채권, 정말일까?　158

20_ 채권 투자, 나도 할 수 있을까?　162

21_ 요즘 가장 핫한 금융상품 ELS, 믿고 해도 되나?　168

Part 4 내 보험을 부탁해!

22_ 보험, 꼭 들어야 하나요?   176

23_ 복잡한 보장성 보험, 뭐가 좋을까?   182

24_ 내게 맞는 보험료는 얼마?   189

25_ 저축 대신 종신보험은 어떨까?   193

26_ 노후연금, 지금부터 준비할 필요 없다고?   197

27_ 비과세 통장이라는 저축성 보험, 진짜일까?   202

28_ 모르면 호갱님 되는 추가 납입 기능?   207

Part 5 미리미리 준비하는 마이 스위트 홈

29_ 내 집 마련, 꼭 필요할까?   214

30_ 무시무시한 월세! 차라리 대출받아 전세로 살까?   218

31_ 주택담보대출, 어떻게 받을 수 있을까?   224

32_ 주택청약 1순위, 어떻게 쓰면 될까?   231

Part 6 연말정산, 마음껏 누리자

33_ 연말정산이 도대체 뭔가요?   240

34_ 연말정산에 유리한 건 어느 쪽? 신용카드 vs 체크카드   247

35_ 연말정산에 유리한 금융상품은?   252

36_ 조금이라도 월세를 돌려받을 수 있다고?   257

37_ 연말정산 기타 공제, 빼놓지 않고 챙겨 받으려면?   263

저자의 말   269

내게 맞는 맞춤형 재테크 플랜 골라보기

대학생, 사회초년생, 자취생, 맞벌이 부부, 외벌이 부부, 싱글 – 이렇게 6가지 유형에 맞는 재테크 플랜을 소개드립니다. 나는 이 중에 몇 번째에 속하는지, 또 몇 년 후에는 어떻게 바뀔지를 생각해 보세요. 또 유형별 추천코스를 제공하니, 내게 필요한 챕터를 확인해서 쏙쏙 뽑아 읽으세요.

첫 단추부터 제대로
– 대학생 재테크 이야기

등록금 때문에 허리가 휘는 부모님께 조금이라도 보탬이 되려고 아르바이트를 하는 대학생이 무척 많습니다. 본인의 생활비를 위하여 일하기도 하고, 하루 빨리 자리 잡을 날을 기다리며 부모님에게 용돈을 받는 대학생도 있을 것입니다. 여기서 등장한 모두의 공통점은 무엇일까요? 직장인만큼은 아니지만 돈이 있다는 점입니다. 그렇다면 재테크를 시작해야겠지요?

대학생에게는 복잡한 재테크, 다 필요 없습니다. 무조건 투자를 시작하세요. 어차피 대학생 신분으로 저축할 수 있는 금액은 나중에 사회 나가서 저축하는 금액에 비해 적을 수밖에 없습니다. 반면, 지금부터 투자 연습을 해 놓으면 사회인이 되었을 때 남들보다 한

발 앞서 나가는 경쟁력을 가지게 됩니다.

대학생 포트폴리오

소득	
용돈+아르바이트	500,000
지출	
생활비	300,000
투자형 상품	150,000
적금	30,000
주택청약	20,000

여유가 된다면 투자형 장기상품을 미리미리 준비하길 추천합니다. 장기상품은 오랜 시간 끌고 갈수록 단기상품에 비해 월등히 유리하다는 장점이 있습니다. 대학생 때부터 미리 시작한다면, 사회 진출하고 나서부터 시작하는 사람에 비해 3~4년은 먼저 시작하는 셈입니다. 이 초기 몇 년은 크게 티 나지 않아도, 시간이 흐를수록 엄청난 차이를 벌리는 구심점이 됩니다. 특히 초기 투자자금과 시간이 수익을 좌우하는 장기 상품이라면 더더욱요.

또한, 이른 나이부터 소비패턴을 잡아 나가는 게 중요합니다. 대학생 때 과소비가 습관이 되면 나중에 직장을 다니더라도 동기들에 비해 저축력이 현저하게 떨어집니다.

꼭 읽어봐야 할 추천 챕터 바로가기

학자금대출을 먼저 갚는 게 좋을까? … 64쪽

알뜰하게 연애할 수 있는 방법 없을까? … 72쪽

소액투자의 시작 '펀드', 어디서부터 시작할까? … 123쪽

나도 이제 월급 받는다!
- 새내기 직장인의 필수 재테크

전쟁 같은 취업전선을 뚫고, 사회에 나와서 받은 첫월급! 학생시절엔 꿈도 못 꿨던 큰돈을 손에 쥐면, 저도 모르게 씀씀이가 커지는 경우가 많습니다. 그동안 못 했던 일도 해 보고, 사고 싶던 물건도 사다 보면 자연스럽게 지출이 늘어나는 것이죠. 또한 소소한 수입이 대부분이던 학생 때와 달리, 단위가 다른 큰돈을 어떻게 굴려야 할지 막막할 겁니다. 게다가 돈 나갈 일은 갑자기 왜 이렇게 많은지 생각처럼 저축이 잘 되지도 않고, 직장생활에 적응하기 바빠서 재테크에 신경 쓸 틈도 없고요. 그렇지만 첫 단추를 어떻게 끼우느냐에 따라 갈수록 차이가 벌어집니다. 같은 직장, 같은 월급이라도 언제, 어떻게 시작하느냐에 따라 엄청난 차이가 납니다.

당장 저축하라

기다렸던 첫 월급을 타고 여러분 어떻게 하셨나요? 다 써 버렸다고요? 첫 월급은 그럴 수도 있죠. 부모님 선물도 사고 취직했다고 친구들한테 한 턱 쏘고 나면, 첫 월급은 순식간에 사라지기 마련입니다. 다들 그렇게 말하죠. 첫 월급은 원래 그런 거라고.

그런데 원래 그런 게 어딨나요? 저축은 미루면 안 됩니다. 당장 시작해야 합니다. 왜 오늘 할 일을 내일로 미룹니까? 부모님 선물도 사고, 친구들한테 한턱 쏘더라도 마음먹기에 따라 얼마든지 저축할 수 있습니다. 단 10만 원이라도 저축을 시작하세요.

저축은 머리로 하는 게 아닙니다. '행동'으로 하는 겁니다. 처음부터 소액이라도 저축을 시작하는 사람과 나중으로 미루는 사람의 차이는 생각보다 큽니다. 다음 달부터 해야지 하다가 직장 다니는 내내 한푼도 모으지 못할 수도 있습니다.

인생 플랜을 세워라

목표를 세우는 것은 언제나 중요합니다. 내가 어디로 어떻게 나아가야 할지 방향을 제시해 주니까요. 그렇다고 너무 구체적인 목표를 세울 필요는 없습니다. 인생은 변수가 많습니다. 누구나 마음먹은 대로 다 이룰 수 있다면 좋겠지만, 현실이 그렇지 않다는 건 초등학교만 들어가도 모두가 알게 되잖아요. 사회초년생이라면 더더욱 변수가 많겠지요. 처음 입사한 회사가 맞지 않아 다른 길을 찾을 수도 있고, 열심히 한길을 파서 경력을 쌓을 수도 있습니다. 하지만 직장 1년차에는 어떻게 될지 알기 어렵죠. 따라서 목표가 너무 구체적이면 그 기준에 맞추느라 삶이 너무 팍팍해질 수 있습니다.

단기적인 목표보다는 장기적으로 큰 그림을 구상합시다. 5년 후 내 나이 몇 살쯤에는 얼마 정도 돈을 모아서 결혼을 하겠다, 3년 내 동남아로 여행을 다녀오겠다, 이런 식으로 대략적인 틀을 만들어봅시다. 그러면 자연스럽게 그 목표를 이루기 위한 단기적인 목표가 떠오를 겁니다. 현실 가능성 떨어지는 계획 대신, 부단히 노력하면 다다를 수 있는 꿈과 현실적인 목표를 준비하는 것, 모든 재테크에 앞서서 꼭 해야 하는 일입니다.

단기와 장기로 나눠서 투자하라

'계란을 한 바구니에 담지 말라'라는 말이 있듯이 재테크도 분산투자가 필요합니다. 분산투자의 기본은 투자 기간을 나누어 설정하는 것부터 시작합니다. 이렇게 모으나 저렇게 모으나 같을 텐데, 왜 굳이 나누라고 하는 걸까요?

결혼자금으로 5000만 원을 모았다고 가정합시다. 열심히 일해서 목표했던 5000만 원을 준비했는데, 이 돈을 100% 다 쓰고 0원부터 다시 모을 건가요 아니면 조금이라도 남길 건가요? 이 질문을 받은 대부분은 남기겠다고 합니다. 아무리 결혼에 목돈이 나간다지만 모은 돈을 수중에 하나도 남기지 않고 다 쓰겠다는 사람은 찾기 힘듭니다. 5000만 원을 모았다면 최소 1000만 원은 남기고 나머지 금액으로 충당하려고 하지요. '내가 어떻게 모은 돈인데!' 그게 보편적인 사람 심리입니다. 게다가 어느 정도 현금을 보유하는 편이 비상시에 유리하고, 종잣돈이 있어야만 돈을 굴리기도 쉽습니다.

그렇다면 결혼 후에 남길 1000만 원은 시작 단계부터 장기상품으로 모아야 합니다. 최소한 결혼 때까지는 쓰지 않을 테니까요. 이처럼 단기/장기 두 종류로 지금부터 나눠 주세요. 또한 장기상품이 나중에 좋다고 해서 여러 개 가입하기보다는, 장기상품 한 가지를 정해서 오래오래 유지하는 것이 유리합니다. 나머지는 각 목적에 맞게 단기자금을 마련하시면 됩니다.

보험은 미리 가입해 두자

돈을 모으기로 결심하고 나면 은근히 거슬리는 게, 바로 보험입니다. 1년에 병원 한 번 갈까 말까인데, 굳이 보험 들어야 하나? 보험 낼 돈을 모아서 필요할 때 병원에서 쓰는 게 낫겠다고 생각하는 분이 생각보다 많습니다. 그런 분들은 당연히 보험을 달가워하지 않지요.

그런데 말입니다, 젊고 건강하니까 병원 갈 일이 없는 게 당연한 것 아닌가요? 나이 들어서 약해지고 아프면 가입하고 싶어도 보험사에서 받아주지 않거든요. 그러니까 건강한 지금, 가입해야 합니다.

다만 적절한 보험료를 산출하는 과정이 필수입니다. 기본적으로 실손의료보험에 기본 상해질병보험을 추가해서 4~10만 원 선에서 가입합니다. 소득이 많다면 몰라도 적다면 그 이상은 부담됩니다.

사회초년생 남과 여 재테크

남녀 사회초년생은 크게 차이 나지 않을 듯해도, 이처럼 막상 들여다보면 세부적으로 많은 차이가 있습니다. 여자는 상대적으로 월급이 적더라도 사회 진출 시기도 빠르고 결혼자금 부담도 남자에 비해 덜하기 때문에 좀 더 여유 있게 장기상품이나, 여행자금 목적의 돈을 꾸릴 수가 있습니다. 만약 대기업에 다니는 여성분이라면 더욱 여유롭습니다. 급여도 넉넉하니, 처음부터 열심히 모으기 시작

남자 사회초년생 포트폴리오

소득	
월급	2,000,000
지출	
통신비	100,000
교통비	100,000
주택청약	20,000
적금(결혼자금)	800,000
펀드(결혼자금)	200,000
장기상품(목돈마련)	200,000
보험료	80,000
생활비	450,000
비상금	50,000

여자 사회초년생 포트폴리오

소득	
월급	1,800,000
지출	
통신비	100,000
교통비	100,000
주택청약	20,000
적금(결혼자금)	500,000
적금(여행자금)	100,000
펀드(결혼자금)	100,000
장기상품(목돈마련)	300,000
보험료	80,000
생활비	450,000
비상금	50,000

하면 20대에 1억 만들기도 무리가 아닙니다. 반면, 남자의 경우 결혼자금에 모든 역량을 거의 쏟아 부을 수밖에 없죠. 그렇더라도 부모님의 도움이 없다면, 결혼할 때 대출을 받는 건 당연한 일이고요.

남녀 재테크에 차이가 있더라도 이건 어디까지나 보편적인 기준이고 개개인마다 다를 수 있으니, 개인 상황에 맞게 재설정하면 되겠습니다.

학자금대출이 있어서 원리금상환이 월 20만 원씩 나간다고 치면, 적금에서 10만 원/펀드에서 5만 원/장기상품에서 5만 원 이런 식으로 투자금액을 줄여서 학자금 대출을 갚아나가세요.

또 장기 투자상품 한 가지를 제외한 나머지는 결혼 자금을 마련하기 위한 단기 투자에 집중하세요. 몇 년 후 결혼이라는 큰 목돈 지출이 예정되어 있으니만큼, 저축액 대부분을 단기 상품으로 돌려놓는 편이 좋습니다. 어중간한 중기 투자는 고려할 필요가 없습니다.

꼭 읽어봐야 할 추천 챕터 바로가기

통장 나누기, 대체 어떻게 나누라는 걸까? … 46쪽

예금과 적금, 왜 만기 이자가 다를까? … 84쪽

직장인의 필수품, CMA? … 118쪽

내게 맞는 보험료는 얼마? … 189쪽

집 나오면 고생이라더니
- 용감하게 독립한 자취생을 위한 재테크 팁

경제적 문제를 고려한다면, 피치 못할 사정이 아닌 이상 자취를 권하지 않습니다. 어쩔 수 없이 혼자 자취해야 하는 상황이라면 '전세자금대출'을 고려하세요. 특히나 서울을 비롯한 수도권에서는 혼자 월세 내며 살기에 만만치 않습니다. 서울에서 월세로 살면서 월급 200만 원 이하라면 거의 저축을 못한다고 보시면 됩니다.

어쨌거나 자취를 하게 되었다면, 최대한 절약해서 저축할 방법을 알아봅시다.

월세는 최대한 저렴한 곳으로

젊어서 고생은 사서도 한다! 혼자 사는데 무슨 부귀영화를 누리겠다고 좋은 집을 찾나요. 내 몸 하나 누울 곳만 있으면 된다는 마음 가짐으로, 최대한 여러 군데를 다니며 집을 구하세요. 여성분이라면 치안을 우선으로 알아보시고요.

또, 집주인과 협상하여 조금이라도 월세를 깎는 방법도 있습니다. 이러저러한 사정을 대거나 집의 아쉬운 점을 이야기하며 월세나 관리비를 소폭 낮춰달라고 요청하는 것이죠. 그게 어렵다면 보증금이라도 조정해달라고 말이라도 해 보세요! 최근 수익형 부동산 사이에서도 경쟁이 치열하기 때문에, 의외로 먹히는 경우가 있습니다.

관리비/공과금을 체크하라

혼자 모든 주거비를 부담하면 관리비와 공과금 지출이 은근 부담됩니다. 특히 지은 지 오래된 건물은 수도시설, 난방시설이 노후된 경우가 많아 신축 건물보다 돈이 많이 듭니다. 관리비는 얼만지, 내야하는 공과금 종류는 무엇이 있는지 꼼꼼히 체크합니다. 방심하고 공과금 납부를 미루다 보면 어느 날 갑자기 전기와 가스가 끊기는 사태가 벌어질 수도 있으니까요.

외식은 최대한 줄이자

자취를 하면 외식하거나 시켜먹는 빈도가 높아집니다. 편리하지만 덩달아 생활비가 늘어나는 치명적인 단점이 있지요. 요즘 대세가 '요섹남'이죠? 바로 요리 잘하는 섹시한 남자! 자취를 하며 직접 요

자취생 포트폴리오

소득	
월급	2,000,000
지출	
통신비	100,000
교통비	50,000
월세	350,000
공과금/관리비	100,000
주택청약	20,000
적금(결혼자금)	400,000
펀드(결혼자금)	100,000
장기상품(목돈마련)	200,000
보험료	80,000
식비	150,000
생활비	400,000
비상금	50,000

리하면 너도 나도 요섹남이 될 수 있다는 사실. 여자는 요리 잘하면 1등 신붓감이겠죠?

월세만큼 무서운 기타 비용

앞에서 본 사회초년생 남자 포트폴리오와 월급은 똑같은데, 단순히 자취를 한다는 사실 자체만으로 저축 금액이 120만 원에서 70만 원으로 크게 줄었습니다. 분명 월세는 35만 원인데, 저축이 50만 원이 줄어 버리는 기이한 현상이지요. 자취에 따른 부대비용이 발생하기 때문입니다.

혼자만의 공간을 꿈꾸는 분들께, 기왕이면 부모님이 차려주는 맛난 밥 먹으면서 전세자금을 모아서 독립하시길 조언 드려요.

꼭 읽어봐야 할 추천 챕터 바로가기

주택청약종합저축, 이거 꼭 가입해야 하나요? … 95쪽

무시무시한 월세! 차라리 대출받아 전세로 살까? … 218쪽

조금이라도 월세를 돌려받을 수 있다고? … 257쪽

'신혼'때 재테크 여든까지 간다!
- 맞벌이 부부 플랜

우리 인생에서 가장 많이 저축을 할 수 있는 시기는 '신혼' 때입니다. 사랑의 결실인 아기가 생기는 순간, 지출은 늘어나고 저축 금액은 훅 줄어들거든요. 분명 축하받아야 할 일인데 오히려 돈 때문에 걱정이 늘어난다니, 아이러니하지만 말이에요. 그렇기 때문에 저축을 가장 많이 하는 '신혼' 시절에 제대로 자산관리의 틀을 잡지 않으면, 행복한 결혼생활을 유지하기가 쉽지 않습니다. 저축을 열심히 해도 아기가 생기면 돈 걱정을 할 수 밖에 없는데, 저축 금액이 얼마 되지 않는다면 더더욱 삶의 질이 저하되겠죠? 맞벌이 부부로 시작했다가도 육아 문제로 일을 그만두는 여성이 많은 현실을 고려하면, 외벌이로 소득이 줄어드는 것도 고려해야 합니다.

맞벌이가 필수인 요즘, 외벌이로는 앞으로의 지출을 감당하기 어려운 현실입니다. 최소 아기가 생기기 전까지는 대부분 맞벌이하는 추세죠. 맞벌이 부부라면 남편 혼자 벌어 오는 것보다 수입이 많으니 저축을 더 많이 잘할 수 있을 것 같지만, 실상은 외벌이랑 큰 차이를 보이지 않는 경우가 많습니다. 이유가 무엇일까요?

첫 번째, 적어도 한 명이라도 돈 관리에 신경을 써야 하는데, 일을 하느라 어느 한 명이 그 부분을 떠맡아 세심하게 체크하기가 힘듭니다. 퇴근하고 집안일하기에도 바쁜데 숫자와 씨름까지 해야 한다면? 시간이 부족해 대충 넘기는 경우가 많겠죠.

두 번째, 서로 직장 일로 피곤하기 때문에 예민한 돈 문제를 건드리기 싫어합니다. 집에 오면 쉬고 싶은 게 모든 직장인의 마음이죠. 그런데 편히 쉴 수 있는 집에서도 돈 때문에 얘기를 해야 한다면? 분명히 스트레스로 다가올 것입니다.

세 번째, 외벌이보다 돈에 여유가 있다고 생각하기 때문에 지출이 쉽게 늘어납니다. 특히 여유로운 주말에 돈을 왕창 써 버리는 일이 많습니다.

다음에 소개하는 신혼부부를 위한 재테크 솔루션만 확실하게 지켜주시면 큰 도움이 될 겁니다.

절대 따로 돈 관리 하지 말자

따로 돈 관리하던 부부가 합쳐서 관리하면, 저축 여력이 최소 20만 원 이상 늘어납니다. 이중으로 새어 나가는 구멍을 정리하기 때문이죠. 많게는 50만 원 이상 느는 부부도 있습니다. 특히 공동 생활비를 정하는 게 중요합니다. 개인용돈을 제외한, 함께 지출하는 내역을 공동 생활비로 정합니다. 한달 평균 생활비를 책정하여 그 금액만큼만 쓰도록 노력합니다.

서로의 수입을 정확하게 공개하자

든든한 비상금을 만들고 싶은 마음은 이해하지만, 부부의 가장 중요한 덕목은 서로에 대한 '신뢰' 아닌가요? 연애시절처럼 언제 헤어질지 모르는 사람이 아닌, 평생의 반려자이자 가족이니 솔직하게 공개합시다. 터놓고 상의하여 개인 용돈을 적당히 나누는 게 좋은 방안이 될 수 있습니다. 둘 다 사회생활을 하기 때문에, 개인 용돈은 서로 이해할 수 있는 부분이니까요. 아껴서 모으는 것도 좋지만 적당한 수준의 용돈을 정하여 사회생활이 덜 힘들도록 서로 도와 줍시다.

'지출통제'는 맞벌이의 필수

맞벌이의 가장 큰 문제점은 바로 무분별한 지출입니다. 맞벌이다 보니 시간적 여유가 많이 부족하고, 둘이 대화할 시간조차 없는 경우도 있습니다. 그러다 보니 시간이 맞을 때 즐겨야 한다는 생각이 들기 마련입니다. 또한 평일에도 외식으로 떼우는 경우가 많아, 식비가 만만치 않게 들어갑니다. 이런 일상 속 작은 지출부터 신경 써서 관리할 필요가 있습니다.

평생 맞벌이 과연 가능할까?

아기가 생기기 전까진 맞벌이를 많이 하지만, 아기가 생긴 후에는 외벌이로 바뀌는 경우가 많습니다. 아기 낳고 바로 복직하기가 힘들어 직장을 관뒀는데, 그 상태로 쭉 외벌이로 가는 것이죠. 이러한 경우를 대비하지 않으면 낭패를 겪을 수 있습니다. 신혼 초부터 아내가 출산 후에 직장을 계속 다닐 것인지, 그만둘 것인지 진지하게 상의하세요.

맞벌이 부부 포트폴리오

소득	
남편 월급	2,500,000
아내 월급	2,000,000
지출	
개인용돈	400,000 (각200,000)
공동생활비	800,000
통신비/공과금	400,000
전세자금대출이자	200,000
ISA/펀드·적금 (전세자금/주택자금)	1,100,000
적금(임신대비)	400,000
여행자금	200,000
노후대비/목돈마련	500,000
보험료	300,000
비상금	200,000

맞벌이 부부는 이렇게!

개인용돈/공동생활비/기타지출 포함 총 지출은 160만 원입니다. 공동생활비 경우 한 달에 장 보기 2번, 1회당 15만 원으로 가정했고, 나머지는 데이트 비용과 기타생활용품 지출로 계산했습니다. 주거 형태는 전세로, 향후 전세가격 상승이나 아니면 5년 후 주택 매매 목적을 생각하여 100만 원 정도의 주택자금 포트폴리오를 짰습니다.

ISA로 절반을 넣고 나머지는 펀드나 적금(전세금 상승 대비)으로 굴리면 좋겠습니다. 또한 향후 임신으로 인해 소득이 줄었을 때 커버할 수 있도록, 대체비용을 40만 원씩 적립합니다. 그리고 맞벌이다 보니 함께하는 시간을 위하여 여행자금을 따로 설정하였습니다. 노후대비/목돈마련부분은 보험사의 투자형 장기상품으로 기본 50만 원으로 설정하여, 향후 추가납입까지 고려하였습니다. 보험료는 기존에 있던 보험을 생각하여 각 15만 원 정도로 총 30만 원. 비상자금은 경조사를 대비한 자금입니다.

비교적 소득이 여유로운 맞벌이라고는 해도, 덮어 놓고 쓰다간 외벌이보다 저축을 못하는 곤란한 상황이 올 수 있습니다. 수입을 현명하게 관리하는 스킬을 익히는 게 중요합니다.

> **꼭 읽어봐야 할 추천 챕터 바로가기**
>
> 만능통장 ISA는 어떻게 쓰는 건가요? … 111쪽
>
> 복잡한 보장성 보험, 뭐가 좋을까? … 182쪽
>
> 비과세 통장이라는 저축성 보험, 진짜일까? … 202쪽
>
> 주택담보대출, 어떻게 받을 수 있나? … 224쪽

깐깐한 재테크가 필요해!
- 외벌이 부부를 위한 경제 팁

외벌이는 맞벌이에 비해서 심플합니다. 또한 돈 관리도 한 사람이 전담하기에 더욱 꼼꼼하게 볼 수 있습니다. 하지만 맞벌이에 비해 수입이 적으니, 때로는 저축하기 힘든 시기가 많습니다. 그렇기 때문에 외벌이 부부에게는 '절약'이 가장 중요합니다. 돈 관리하는 사람의 의지와 관리력이 관건입니다.

맞벌이가 소득의 최소 50%를 저축한다면, 외벌이의 경우 소득의 최소 35%를 저축해야 합니다. 쉽게 말하면, 외벌이 가정의 소득이 300만 원이라면 100만 원은 저축 목적으로 들어가야 합니다.

부부끼리만 생활하는 시기에도 저축을 하지 못하면, 아기가 생긴 후에는 더더욱 못하겠죠? 임신 이후로는 최소 30만 원 이상 지출이 상승한다고 보면 됩니다. 그러니 둘이서만 살 때 저축을 미리 해둬야 합니다. 바로 그때가 외벌이로서는 가장 많이 저축할 수 있는 저축의 골든타임이니까요.

부수입을 만들자

소득이 낮다면 절약은 당연히 기본이요, 부수적인 추가 수입을 노리는 게 좋습니다. 쉬운 예로 블로그가 있습니다. 집안일 가운데 짬짬이 틈을 내어 인터넷으로 유용한 기회를 얻을 수 있습니다. 실제로 낮 시간이 비교적 여유로운 가정주부 가운데 파워블로거를 많이 찾아볼 수 있습니다. 무료로 외식 기회를 얻는다거나 생활용품을 얻는 것만으로도 생활비가 줄어드는 효과를 볼 수 있으니까요. 블로그 외에도 취미를 활용해 핸드메이드 소품 판매 등 여러 가지 방법이 있으니 잠깐의 틈을 이용하여 부수입을 창출해 봅시다!

지출계획을 꼼꼼하게 세우자

누구에게나 통용되는 당연한 얘기지만, 외벌이에겐 더 절실한 내용입니다. 급작스러운 상황마다 저축을 깨면 재테크 목표가 흐려지겠죠. 무리하게 저축을 하기보단, 처음부터 예산계획을 잘 짜는 게 우선입니다. 설정한 기준에 맞춰 쓰도록 노력하며 비상자금도 확보하는 게 좋습니다.

외벌이 부부는 이렇게!

맞벌이에 비해 소비를 최대한 절제하는데도 저축이 힘들다고요? 어쩔 수 없습니다. 대신 내조를 잘해서 배우자의 몸값을 올리는 것도 한 방법이 되겠네요. 또한, 용돈은 사회생활을 하는 직장인뿐만 아니라 집에서 살림하는 주부에게도 필요합니다. 가끔 친구도 만나고 바람도 쐬어야 하니까요. 공동생활비를 맞벌이 부부에 비해 적게 잡은 것은 외식 비중을 낮추었기 때문입니다.

외벌이 부부의 취약점으로 꼽은, 외부충격에 약하다는 점은 비상자금 확보로 대비하였습니다. 만약 비상금이 부족하다면, 임신대비 목적의 단기저축을 자유적금으로 모아놓고 그 금액을 비상자금으로 사용합니다.

외벌이 부부 포트폴리오

소득	
월급	2,800,000
지출	
개인용돈	300,000 (남편20/아내10)
공동생활비	600,000
통신비/관리비	350,000
전세자금대출이자	200,000
단기저축 (전세자금/주택자금)	500,000
단기저축(임신대비)	100,000
노후대비/목돈마련	300,000
보험료	300,000
비상금	150,000

꼭 읽어봐야 할 추천 챕터 바로가기

복잡한 가계부, 어떻게 써야 하나요? … 58쪽

복잡한 보장성 보험, 뭐가 좋을까? … 182쪽

내 집 마련, 꼭 필요할까? … 214쪽

결혼보다 나 자신의 행복을 찾는 싱글 재테크

우리 사회가 일본을 따라간다는 이야기를 많이 들어 보셨을 겁니다. 우리나라의 10년 후를 보고 싶으면 일본을 보면 된다는 말이 있을 정도로, 일본과 우리나라는 굉장히 많이 닮았습니다. 지금 우리나라의 20, 30대도 '삼포세대(연애·결혼·출산을 포기하는 세대)'라는 단어로 많이 지칭되는데, 이미 일본에서는 보편화된 현상입니다. 물론 어쩔 수 없이 혼자 살아가는 사람들 이외에도, 자발적으로 싱글의 삶을 선택한 이들, 배우자와의 이별로 인해 혼자가 된 이들처럼 다양한 유형의 싱글이 있습니다.

이처럼 혼자 사는 독신남녀가 늘어나는 경향은 앞으로 점점 증가할 것으로 예상되니, 이에 따른 재테크 방법도 있어야 합니다. 우리 부모님 세대처럼 20대에 결혼하고, 30대에 자식을 낳고, 40대에 아파트를 구입하는, 그런 전형적인 삶의 형식과는 다른 재테크 방식이 필요한 것이죠. 적절한 수입만 있다면 오히려 혼자 사는 것이 재무적으로는 좋습니다. 그 이유를 꼽아볼까요?

일단 자녀 양육비가 필요하지 않습니다. 아무리 정부에서 출산지원금과 양육보조금을 준다고는 하지만, 실제로는 '새 발의 피'에 지나지 않거든요. 먹는 거며 입는 거, 조금만 더 자라서 학교에 다니게 되면 교육비에 학원비까지… 자녀 한 명을 낳아서 대학 졸업 때까지 키우는 데 약 3억이 든다고 합니다. 맞벌이 부부에게도 큰돈인 만큼, 자녀 없이 싱글로 산다면 부담이 많이 줄겠죠?

싱글 포트폴리오

소득	
월급	2,500,000
지출	
개인생활비	500,000
식비	200,000
통신비/관리비	300,000
전세자금대출이자	150,000
장기상품(목돈마련)	500,000
적금/펀드	550,000
보험료	200,000
비상금	100,000

두 번째로, 딱히 큰 집이 필요하지 않습니다. 혼자 사는데 30~40평형대의 큰 아파트가 필요할까요? 내 한 몸 편히 쉴 정도로 적당한 크기의 집이 있으면 됩니다. 가족들의 주거 안정을 위해 무리해서 주택을 구입할 필요 없이, 전월세로 사는 방법도 있겠네요.

마지막으로 중요한 소득! 나 혼자 벌어 나 혼자 먹고 살 수만 있으면 됩니다. 결혼을 하면 배우자와 자녀를 책임져야 한다는 생각이 강해지는 반면에 싱글이라면 스스로 챙기면 되니, 가장의 의무에서 비교적 자유롭습니다.

이러한 이유로 싱글은 돈을 모으기에 최적화되어 있습니다. 4가지 핵심 포인트는 다음과 같습니다.

노후준비를 더 착실하게 해야 한다

당연한 이야기이지만, 자녀 덕을 볼 수 없습니다. 내가 알아서 스스로 준비해야 합니다. 남들이 노후 준비로 매달 30만 원을 모은다면, 싱글은 적어도 50만 원 이상을 준비해야 합니다. 연금으로 기본적인 생활비를 해결할 수 있는 수준을 목표로 합니다.

보험을 빵빵하게 가입해 놓자

싱글은 누구한테 기댈 수 없습니다. 내가 아프면 돈은 또 누가 벌어옵니까? 몸도 아픈데 수입마저 끊기면, 정말 우울할 겁니다. 그렇기 때문에 싱글은 보험을 빈틈없이 가입하고, 보장을 다양하게 구비해야 합니다. 그래야만 아프거나 일시적으로 소득이 끊긴 상황에서도 보험금으로 생활을 유지할 수 있습니다.

돈을 묶어두자

성실하게 돈을 모으다가도, 어느 순간 회의를 느끼는 경우가 종종 생깁니다. 이렇게 열심히 저축해서 결국 뭐하나? 결국 스스로를 위해 쓸 수 있을 때 많이 쓰고 보자는 '보상심리'를 느낍니다. 결혼비용, 주택구입, 자녀학자금처럼 큰 지출이 없다보니, 돈에 대한 '여유'를 느끼기 쉽습니다. 그러다 보면 있던 돈도 꺼내 쓰거나, 혼자 돈 관리를 하다 보니 잘못된 판단으로 목돈을 잃기도 합니다. 그런 안타까운 판단 미스를 방지하기 위해서 쉽게 돈을 꺼내 쓰지 못하도록 묶어 놓는 대비가 필요합니다.

돈관리보다 중요한 자기관리

싱글은 상대적으로 지출이 적기 때문에 경제적으로 여유가 있을지 몰라도, 심리적으로는 여유가 없는 상태가 많습니다. 가족이라는 안정적인 울타리가 없기 때문에, 대화할 사람도 부족하고 소속감이나 안정감이 떨어져 정신적으로 지치기 쉽습니다. 화려한 싱글로 살기로 결정했다면, 사실 돈 관리보다 자기관리가 더 중요합니다. 혼자서도 행복을 즐길 수 있는 마음의 여유와 건강관리에 신경 쓰는 지혜가 필요합니다.

꼭 읽어봐야 할 추천 챕터 바로가기

저축 대신 종신보험은 어떨까? ⋯ 193쪽

노후연금, 지금부터 준비해야 하나? ⋯ 197쪽

연말정산에 유리한 금융상품은? ⋯ 252쪽

재테크 플랜 한 줄 정리

대학생_ 무엇보다 장기투자 상품부터 준비할 것! 시간은 젊은이만이 누릴 수 있는 특권입니다.

사회초년생_ 장기적인 목표를 세우고 그에 맞게 저축을 시작합니다. 그리고 세상이 많이 바뀌었다지만 아직까지는 남녀 재테크는 차이가 납니다. 어느 한 쪽이 손해라고 생각하기보다는 결혼 이후를 고려해 현명하게 준비합시다.

자취생_ 월세보다는 전세가 유리하니, 대출이 가능한지 알아보세요. 또 고정지출이 많아 저축하기가 쉽지 않으니, 꼼꼼한 지출 관리가 필요합니다.

신혼부부_ 결혼해서 재정을 합칠 때 은근히 문제가 되는 것이 보험으로, 이때는 보험 리모델링이 필요합니다. 불필요한 특약은 삭제하고, 유니버셜 기능이 있는 상품이라면 여태까지 쌓인 적립금으로 대체납입을 통하여 보험을 유지합니다.

싱글_ 허튼 곳에 눈 돌리지 않도록 돈을 묶어 놓는 습관을 기릅시다. 또 싱글은 보험을 사랑해야 합니다. 실질적으로 늙고 아픈 나를 지켜주는 건 보험 밖에 없습니다.

PART 1

집 나간
월급을 찾습니다

취업 전쟁을 뚫고 사수한 소중한 월급,

잘 모르고 귀찮다는 핑계로 언제까지 엄마한테 맡길 건가요?

내 월급은 이제부터 내가 지킨다!

재테크의 첫걸음, 똑똑한 월급관리부터 시작합시다.

내 월급은 다 어디로 간 걸까?

통장 나누기, 대체 어떻게 나누라는 걸까?

복잡한 가계부, 어떻게 써야 하나요?

학자금 대출을 먼저 갚는 게 좋을까?

알뜰하게 연애할 수 있는 방법 없을까?

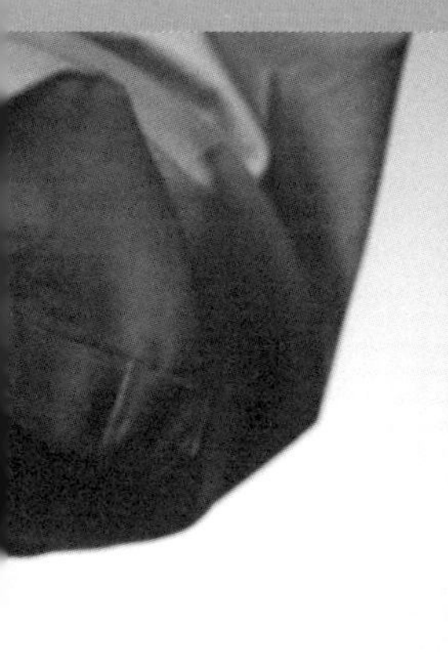

내 월급은 다 어디로 간 걸까?

통장 나누기, 대체 어떻게 나누라는 걸까?

복잡한 가계부, 어떻게 써야 하나요?

학자금 대출을 먼저 갚는 게 좋을까?

알뜰하게 연애할 수 있는 방법 없을까?

내 월급은
다 어디로 간 걸까?

한 달간 전쟁 같은 회사생활을 이겨 내고 드디어 받은 월급! 그런데 이게 웬일인가요. 통장에 들어온 월급은 확인하기도 전에, 순식간에 잔고가 줄어듭니다. 아니, 도대체 월급은 왜 이렇게 순식간에 '로그아웃' 하는 건가요?

월급은 '사이버머니?' 왜 눈에 보이지 않는가

직장인에게 가장 신나고 기다려지는 날은 바로 월급날입니다. 하지
만 월급통장에 구멍이 생긴 것도 아닌데 왜 월급은 자꾸만 로그아
웃하는 걸까요? 공통적인 이유로는 3가지를 꼽을 수 있습니다.

첫 번째는 신용카드로, 카드 값이 한 달 동안 쌓이다 보면 무시할
수 없는 금액이 됩니다. 사실 신용카드는 빌려 쓰는 돈이지만, 대부

분은 내 돈으로 착각하고 써 버립니다. 카드 값에 놀라는 것도 잠시, 늘어난 카드 한도에 따라 월급 수준을 초과해서 쓰게 됩니다. 문제가 된다면 어서 신용카드를 자르세요.

두 번째는 이동통신비로, 평균 7만 원 수준의 통신비를 모으면 1년에 80만 원이 됩니다. 휴대폰을 바꾸면서 생긴 '약정의 노예' 생활에서 벗어날 필요가 있습니다.

세 번째는 금융사입니다. 저축도 좋지만, 내 수준에 맞는 저축금액인지 생각해 봅시다. 무리한 저축은 잦은 실패로 돌아와, 저축 의욕을 떨어뜨립니다. 매달 정기적으로 빠져나가는 보험료, 적금, 펀드 등 꼭 필요한 것들이지만 계획적으로 관리해야 합니다.

집 나간 월급을 찾아오는 4단계 스트레칭

부수적인 수입 없이 월급만으로 부자가 되기 위해선 시작부터 철저히 준비해야 합니다. 5000원 할인쿠폰에 목숨 거는 대신, 내 지갑에서 야금야금 새어 나가는 5만 원짜리 지출을 줄이는 게 중요하겠죠? 월급과 지출목록 그리고 소비패턴을 파악하는 것이 바로 월급 관리의 시작입니다. 재테크 기초공사라고 말할 수 있겠네요. 여기서부터가 '통장 나누기' 편의 시작 단계이니 꼼꼼하게 체크해 봅시다!

1. 정확한 소득을 파악하자

1년 내내 고정적인 월급을 받는 사람은 급여를 파악하기 어렵지 않습니다. 하지만 상여금 때문에 매달 월급 액수가 달라진다거나, 프리랜서 및 자영업 등 소득이 일정하지 않은 분은 꼼꼼하게 챙겨야 합니다. 프리랜서, 자영업자는 지난 1년간의 최소 월 소득, 최대 월 소득, 평균 월 소득을 미리 정리해 둡니다.

2. 고정 지출 리스트를 완성하자

고정 지출에 해당하는 목록으로는 주거비(전월세/관리비), 통신비, 출퇴근 교통비, 적금, 펀드, 보험, 학자금 등이 있습니다. 추가로, 매달 나가지는 않지만 연 지출에 속하는 비용(축의금, 부모님 용돈 등)도 따로 정리해 둡시다. 앞으로 계속 언급할 생활비(먹고 마시고 놀고 쇼핑에 쓰이는 돈)는 위의 고정비를 제외한 나머지 변동 지출을 총칭합니다.

3. 월급이 새어 나가는 구멍을 찾자

고정 지출 리스트를 완성했다면, 혹시 과도하게 지출되는 내역이 있는지 찾아볼 필요가 있습니다. 생활비를 너무 많이 쓰는 건 아닌지, 저축 욕심 때문에 생활비 잔고가 부족한건 아닌지, 지난 지출 내역을 따져 봅니다. 소득에 비해 주거비가 과도하다거나, 자가용으로 인해 나가는 비용을 놓치는 경우가 있습니다. 또한 '무이자 할부' 또는 충동 구매한 상품은 없는지 체크해 봅시다.

4. 스스로 해결 방법을 고민해 보자

3단계까지 따라왔다면 본인에게 가장 알맞은 해결 방안을 자연스레 떠올릴 수 있을 겁니다. 과도한 외식비가 문제였다면, 외식을 줄이는 것이 방법이 될 겁니다. 지름신이 찾아와 이것저것 쇼핑한 목록이 많다면, 충동구매를 절제하는 방안을 찾아야겠죠. 또, 하루 빨리 목돈을 모으겠다는 욕심에 과도한 저축을 하는 경우에는, 저축금액을 내 수준에 맞추는 단계가 필요하고요. 보통은 생활비를 줄이거나 저축금액/고정비를 조정하는 식으로 해결의 실마리를 잡을 수 있습니다.

사실 너무나 뻔하고 기초적인 사항이기 때문에 대부분 '이미 다 아는 건데 굳이 확인할 필요 있을까? 이거 한다고 뭐 달라지겠어?'라고 가볍게 넘기고는 좀 더 높은 이자, 수익을 찾아 헤매는 분이 많습니다. 하지만 무엇보다 중요한 일은 나의 재무 상태를 확인하는 것입니다. 아침마다 메이크업에 공들이는 여성분들은 잘 알 겁니다. 피부, 즉 기초화장이 중요하단 걸요.

무엇이든 기초가 탄탄해야 빠르게 성과를 올릴 수 있다는 건 잘 알고 계실 겁니다. 그래야만 그 위에 쌓아 올리는 공든 탑이 무너지지 않고 굳건하게 버틸 수 있겠죠. 여러분, 기초 공사 단단히 하셨죠?

월급 명세서, 대체 어떻게 보는 걸까?

자나깨나 기다린 월급날. 그런데 월급 명세서란 걸 받아 보니, 통장에 들어 오기도 전에 빠져 나가는 게 한두 개가 아닙니다. 직장인이라면 내가 얼마를 어떻게 받는지 알고 있어야 하겠죠?

사원코드: 부원코드:		사원명: 직책:		입사일: 호봉:	
지급항목	지급금액		공제항목		공제금액
① 기본급	1,500,000		③ 소득세(간근세)		14,860
② 제수당	200,000		④ 주민세		1,486
차량유지비	200,000		⑤ 국민연금		67,500
식대	100,000		⑤ 건강보험료		45,525
			⑤ 고용보험료		9,750
			⑤ 장기요양보험료		2,982
			공제내역		142,102
지급액계	2,000,000		⑥ 차인지급액		1,857,898

① 기본급: 근로자의 기본 급여.

② 제수당: 각종 수당 (야근수당, 연장근무수당, 근속수당 등)

③ 소득세: 개인 소득에 부과되는 세금. 매월 급여에서 세금을 먼저 떼고, 나중에 연말정산을 거쳐 초과 납부액을 돌려받는다.

④ 주민세: 근로자가 거주하는 구청에 납부하는 지방세. 소득세의 10%.

⑤ 4대 보험: 의무적으로 가입하는 사회보험. 수당과 복리후생비를 제외한 월급의 3.035%(건강보험), 4.5%(국민연금), 0.65%(고용보험)으로 낸다. 2008년부터 추가된 장기요양보험은 건강보험료의 6.55%를 낸다.

⑥ 차인지급액: 실제로 근로자가 받는 돈. 실제 월급.

* 비과세대상급여: 일부 근로소득에는 소득세를 내지 않는데, 차량유지비 월 20만 원/식대 월 10만 원 등이 대표적이다.

2

통장 나누기, 대체 어떻게 나누라는 걸까?

직장 생활을 시작하면 학생 때에 비해 훨씬 많은 금액, 즉 월급을 내 손에 쥐게 됩니다. 새내기 직장인 중에는 돈 관리를 부모님께 맡기는 사람도 있겠지만, 다 큰 성인이고 직장 생활을 하는 어엿한 사회인이라면 월급 관리는 직접 해야 하지 않을까요? 월급 관리의 시작, 통장 나누기에 대해 알아봅시다.

통장 나누기, 월급관리의 시작

사회초년생은 학생 때에 비해 많은 금액을 손에 쥐다 보니, 저절로 소비가 늘어나기 마련입니다. 하지만 소비가 늘어나는 건 쉽지만, 늘어난 소비를 줄이기는 굉장히 어렵습니다. 그렇기 때문에 처음부터 소비가 늘어나는 것을 경계해야 합니다.

늘어난 소비, 충동구매, 새어 나가는 돈을 바로잡기에 가장 좋은 방법은 바로 '통장 나누기'입니다. '4개의 통장', '통장 쪼개기' 등의 개념으로 많은 분들이 접한 방법이지만, 단순하게 통장만 나눈다고 효과를 보는 것은 아닙니다. 활용법을 제대로 알아야 기대했던 효과를 볼 수 있죠. 참고로 통장 나누기만 잘해도 돈 관리 잘한다는 소리도 듣고, 비상금이 쑥쑥 자라나는 일석이조의 효과를 볼 수 있답니다.

4개의 목적별 통장 준비하기

통장 나누기에는 4개의 통장이 필요합니다. 월급통장(급여 은행), 투자/생활비통장(주거래 은행), 비상금통장(증권사 CMA) 이 4개의 통장만 있으면 되기 때문에, 그 외 안 쓰는 통장들은 정리하는 편이 좋습니다.

1. 월급통장 (급여 은행)

월급통장의 성격상 계좌이체가 많이 이루어지므로 수수료 면제 조건을 잘 살펴보고 은행을 선택하세요. 또한 회사마다 지정은행이 정해진 경우도 있는데, 이직할 때마다 월급통장을 따라서 주거래 은행을 옮기는 행동은 자제하는 게 좋습니다. 즉, 이직을 염두에 두고 있다면 월급통장과 주거래 은행은 별개로 생각하세요. 이직 생각이 없다면 주거래 은행에다 월급통장을 만들어도 좋습니다. 실적이 많이 쌓이니, 나중에 대출 신청할 때 유리합니다.

2. 투자통장 (주거래 은행)

투자통장은 주로 자동이체 용도로 사용하는 계좌입니다. 그러니 예·적금, 주택청약 등의 금융상품 가입은 주거래은행을 이용하면 편리하겠죠? 은행 실적도 차곡차곡 쌓일 뿐만 아니라, 자동이체 수수료 걱정 없이 안정적으로 저축할 수 있습니다. 추가로, 투자통장은 자동이체 용도로만 활용하므로 굳이 체크카드를 발급 받을 필요는 없습니다.

3. 생활비통장 (주거래 은행)

생활비통장은 말 그대로 생활비 용도로 쓰는 통장입니다. 생활비통장 역시 투자통장과 마찬가지로 주거래 은행에서 개설하고, 체크카드를 사용합시다. 체크카드를 새로 발급받는다면, 소비 패턴에 맞는 카드를 선택하여 혜택을 누리는 것이 좋습니다. 참고로 모든 지출을 신용카드로 사용할 경우 신용카드가 생활비통장 역할이라고 생각하면 됩니다.

4. 비상금통장 (증권사 CMA)

비상금은 언제 꺼내 쓸지 모르기 때문에 수시입출금 기능이 가장 중요합니다. 그러나 시중은행의 수시입출금 통장은 자유로운 입출금은 가능하지만 이자가 거의 붙지 않기 때문에 아쉬운 면이 있습니다. 그래서 수시입출금 기능에다 매일 매일 이자까지 얻을 수 있는 상품으로 CMA를 추천 드립니다. 누가 봐도 "CMA = 비상금 통장"이라고 느낄만한 매력적인 상품이죠!

CMA 계좌 선택 시에는 금리보다는 수수료 면제 혜택을 확인하는 게 좋습니다. 어차피 증권사별로 CMA 금리는 크게 차이도 없을뿐더러, 많은 금액을 넣지 않기 때문에 금리는 크게 신경 안 써도 됩니다. 금리보다는 인출하거나 이체할 때 수수료가 발생하는지가 가장 큰 고려사항입니다.

같은 월급도 쪼개면 늘어난다? 통장 나누기 효과

소득/지출 내역을 파악하고 통장까지 준비했다면, 이제 통장 나누기는 반 이상 된 거나 다름없습니다. 남은 건 실제 활용법뿐이거든요! 하지만 몰라서 못하는 게 아닌 다이어트처럼, 제일 중요한 건 실전이겠죠? 다음 자료를 보시면 좀 더 빠르게 이해하실 수 있을 겁니다.

51쪽의 표는 실제로 제가 상담한 A씨의 사례입니다. 그동안 돈이 어디로 새는지 모르다가 통장 나누기를 실천하면서 여유자금 20만 원을 되찾은 케이스입니다. 단순히 생각하면 생활비를 줄여서 여유자금 20만 원이 늘어난 것뿐인데 뭐가 대단하냐고 여길 수도 있지만, 앞서 말씀 드렸듯이 소비는 비교적 쉽게 증가하는 반면 줄이기는 굉장히 어렵습니다. 저 역시 그런 상황을 경험했고 통장 나누기를 실천하면서 단계적으로 소비를 줄였기 때문에, 그 효과는

통장 나누기 실천 전		통장 나누기 실천 후	
월급	1,800,000	월급	1,800,000
통신비	100,000	통신비	100,000
적금	400,000	적금	400,000
주택청약	50,000	주택청약	50,000
펀드	50,000	펀드	50,000
연금	200,000	연금	200,000
보험	100,000	보험	100,000
교통비	100,000	교통비	100,000
생활비	**800,000**	**생활비**	**600,000**
여유자금	–	**여유자금**	**200,000**
합계	1,800,000	합계	1,800,000

장담할 수 있습니다. 참고로, 통장 나누기를 통해 되찾는 여유자금은 대부분 생활비에서 나옵니다.

사람마다 약간의 차이는 있겠지만, 통장 나누기를 제대로 시행한다면 기본적인 절약 효과는 충분히 누릴 수 있습니다. 통장 나누기에 익숙해지면 삶의 질은 그대로 유지하면서도 오히려 여유자금을 활용하게 됩니다.

내 예산에 꼭 맞춘 통장 나누기 실전 활용법

다시 본론으로 넘어와서, A씨의 실제 통장 나누기 활용법을 단계별로 따져 봅시다. 급여가 180만 원에 고정비를 뺀 나머지 생활비가 80만 원이었던 A씨는 이렇게 실천했습니다.

1. 자동 이체는 투자통장에서 나가도록

월급이 들어오면 월급통장에서 투자통장으로 매달 나가야 할 금액
을 이체합니다. 월급통장에서 곧바로 나가도 되는 고정비를 굳이
투자통장을 거치게 하는 이유는 뭘까요? 대부분의 사람들은 내 돈
이 어디에 얼마가 빠져나가는지 신경을 끕니다. 자동 이체를 걸어
두었으니 알아서 되겠지 싶어서 내버려 두는 거죠. 그렇기에 투자
통장에 고정비 자동 이체를 걸어 놓고, 월급을 받는 즉시 투자통장
으로 고정비를 이체하는 습관을 들이
는 게 중요합니다. 그렇게 되면 자연
스럽게 매달 고정비를 체크하면서 경
제관념도 세워지고, 대출 및 상환, 연
체 등 기타 관리 역시 수월해집니다.

> ▶ 자동 이체는 투자통장 하나에 몰아
> 주세요. 통신비, 적금, 보험료, 대출상
> 환금, 정기 후원, 기부금처럼 매달 고
> 정적으로 나가는 돈을 포함시킵니다.

	월급	이체	잔액
1주차	1,800,000 (월급통장)	900,000 (투자통장)	900,000
비고		적금, 보험 등 고정비	

2. 생활비는 일주일 단위로 정하기

A씨는 평균적으로 한 달 생활비로 80만 원을 지출합니다. 따져 보
면 일주일에 20만 원씩 쓴 셈이네요. 그런데 지출 내역을 확인하며
쓸데없는 지출을 빼다 보니 일주일에 15만 원이어도 충분할 것 같
다는 생각을 하게 됩니다. 그래서 '일주일 생활비 15만 원'이라는

목표를 정했습니다.

이런 식으로 통장 나누기를 시작할 때는 일주일 생활비 금액을 정하는 것이 포인트! 그리고 생활비통장에 한 달이 아닌 일주일 치 금액만 옮겨 두세요. 한 달 치가 한꺼번에 통장에 있으면 대부분 3주차에 통장 잔액이 슬슬 바닥나기 시작합니다. 잔액이 바닥나고 나서야 깨달으면 이미 늦은 거죠. 그렇기 때문에 한 달 생활비를 미리 정해 놓고 일주일 단위로 생활비를 쪼개는 과정이 필요합니다. 조금 번거롭기는 하지만, 익숙해지면 자연스레 중간에 잔액을 확인하면서 씀씀이를 줄이게 됩니다. 저절로 소비 통제가 되기 때문에 소비패턴 개선에 큰 도움이 되지요.

월급통장에 남은 잔액 90만 원에서 생활비통장으로 일주일 생활비 15만 원을 입금하고, 나머지는 비상금통장에 넣습니다. 처음엔 스트레스 받을 수도 있지만, 사람은 환경에 적응하는 동물인지라 어찌어찌 15만 원에 맞춰서 살아집니다. 그렇게 일주일이 지난 후에는 비상금통장에서 15만 원을 다시 생활비 통장에 이체해서 일주일 생활비를 공급합니다. 어느 정도 적응이 되거나 딱히 돈 쓸 일이 없었다면, 잔액이 남는 경우도 있을 겁니다. 만약 5만 원이 남았다면 그 주에는 15만 원이 아닌 10만 원만 입금해서, 일주일 생활비 15만 원을 다시 맞춰 줍니다. 그러면 5만 원은 저절로 비상금통장에 세이브 되겠죠?

이때는 생활비통장과 연결된 체크카드 한 장만 들고 다니세요.

잔액이 정해져 있으니 자연스레 일주일 단위에 맞춰 쓰게 됩니다.

	월급	이체	잔액
1주차	900,000 (월급통장)	150,000 (생활비통장) 750,000 (CMA)	750,000
2주차	750,000 (CMA)	150,000 (생활비통장)	600,000
3주차	600,000 (CMA)	150,000 (생활비통장)	450,000
4주차	450,000 (CMA)	150,000 (생활비통장)	300,000

4. 저축이 한결 쉬워지는 비상금 마련하기

월급통장의 나머지 잔액은 모두 다 비상금통장으로 옮겨 둡니다. 비록 적은 돈이지만 매일매일 이자가 붙는 CMA가 일반 통장보다는 조금이라도 낫겠죠?

비상금통장에 있는 돈은 경조사/차량수리비/선물 등 예상치 못한 지출이 있을 때만 사용합니다. 생활비는 본인 스스로 통제가 가능하지만, 경조사 등의 변동 지출은 통제가 쉽지 않습니다. 그래서 변동 지출이 빠져나갈 때마다 리스트를 작성한 후, 1년간 변동지출 총액을 파악하여 새해 시작에 맞춰 전년도 변동 지출만큼 비상금 통장에 넣어 둡니다. 이러한 지출은 연 단위로 보면 비슷한 규모로 나가거든요. 이런 비상금은 저축을 잘 유지시키는 좋은 계기가 됩니다. 비상금이 없다면 급하게 돈 나갈 상황에서 적금을 깨는 일이 반복됩니다. 그러다 보면 저축이 재미 없어지겠죠? 모두가 익히 잘 아는 내용이지만, 실제 상담에서 만난 직장인 가운데 예비 자금을 마련해 둔 사람은 손에 꼽을 정도였습니다. 이처럼 간단한 방법 하나하나가 모여 소비 패턴과 저축 습관을 잡아 줍니다.

▸ 비상금을 최소 30만 원 이상 마련하고 저축을 시작하자.
▸ 비상금을 쓸 때는 예상하기 어려운 변동 지출에만. 덮어놓고 쓰다가는 거지꼴을 못 면한다!

잠자는 통장 속 푼돈 찾기

똑똑한 월급관리를 위해 통장 나누기를 결심한 A양. 이참에 앞으로 유지할 몇몇 통장만 남기고 나머지는 해지할까 합니다. 그러고 보니 잊고 있었던 옛 계좌에 돈이 들어 있던 것 같은데… 어느 은행에 얼마가 있는지 기억이 나지 않네요. 그럴 땐 '휴면계좌통합조회' 서비스를 이용하면 됩니다.

휴면계좌란 잔액은 있지만 오랫동안 거래가 없는 계좌를 가리킵니다. 기준 기간은 보험사·우체국보험 2년, 은행예금 5년, 우체국예금 10년입니다. 휴면계좌에는 이자가 지급되지 않으니, 가능한 한 빨리 찾아가는 게 좋습니다. 2년 내 청구 가능하며, 그 이후에는 미소금융재단으로 넘어가 저소득층 복지사업에 쓰입니다.

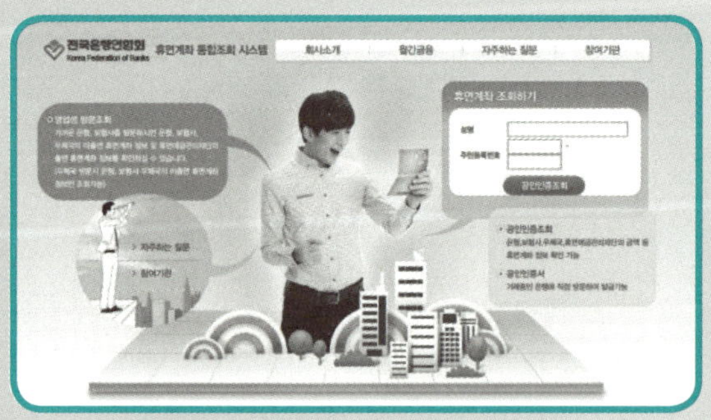

1) 전국은행연합회 휴면계좌 통합조회 시스템에 접속합니다.
   (sleepymoney.or.kr)

2) 본인확인을 거칩니다. (공인인증서 필요)

3) 휴면계좌 정보를 확인하여 해당 금융기관에 방문 후 수령합니다.

통장 나누기 포인트 & 주의사항

만병통치약이 있다면 믿으시겠어요? '엄마 손은 약손~'이지만 우린 이제 엄마 손이 만병통치약이 아니란 사실을 압니다. 마찬가지로, 통장 나누기를 월급관리의 기본으로 소개하고 강조 드렸지만, 이 방법만이 만능이라는 건 아니에요. 통장이 한 개든 두 개든 이미 잘 관리하고 있다면, 본인에게 익숙한 방식을 유지하는 편이 좋습니다. 또한 통장 나누기 세부 단계에서 본인에게 꼭 필요한 부분만 쏙쏙 골라서 활용해도 좋습니다.

실질적으로 통장 나누기에서 가장 중요한 포인트 두 가지는 다음과 같습니다. 생활비를 일주일 단위로 나누기. 가능한 투자통장으로 모든 자동이체를 모으고 지출을 관리하는 것. 이 두 가지가 통장 나누기에서 개인의 소비패턴을 잡아주는 핵심 역할을 합니다.

중요 포인트를 살펴봤다면 주의점도 있겠죠? 자동이체를 투자통장 한 곳으로 모으는 경우, 자동이체 수수료가 부과되지는 않는지 꼭 체크하세요. 즉, A은행을 투자통장으로 쓰는데 B은행에 적금을 가입하면 어떻게 될까요? A은행의 투자통장에서 B은행으로 자동이체가 이루어진다면 매달 이체 수수료가 생기니, A은행에서 적금을 가입하는 것이 좋습니다.

3

복잡한 가계부, 어떻게 써야 하나요?

가계부를 쓰는 이유는 내 돈의 정확한 사용처를 알아두고, 불필요한 지출을 예방하기 위해서입니다. 특히 생활비 소비패턴을 파악하면, 과도하게 나가는 부분을 줄여 나갈 수 있습니다. 실패하지 않는 가계부 작성법, 지금 공개합니다.

한푼 두푼 무심코 쓴 잔돈이 당신을 가난하게 만든다

가계부 잘 쓰는 사람은 DNA가 다르다는 소문이 있을 만큼, '가계부 쓰기'는 꾸준히 이어나가기 무척 귀찮은 일로 꼽힙니다. 그렇지만 번번이 포기했던 가계부 쓰기가 일단 자리 잡으면, 절약하는 습관 역시 자연히 따라옵니다. 지금부터라도 똑똑하게 가계부를 쓰기 위한 핵심 포인트를 알아볼까요? 가계부를 쓸 때 유의할 점은 고정비보단 생활비 지출에 초점을 맞추는 겁니다. 어차피 고정비야 매달 빠져나가므로 가계부 맨 앞장에 적어두고 출금이 잘 이루어졌는지 확인만 합니다. 매번 작성해야 할 것은 고정비를 뺀 나머지 비용, 즉 생활비 지출 내역입니다. 기왕이면 항목별로 작성하는 것이 좋습니다.

그러면 회사생활 2년 차에 접어든 직장인 A씨의 가계부를 예로 들어 봅시다.

날짜	점심	커피	술값	택시비	기타
10월 2일	7,000	4,500	0	6,000(지각)	0
10월 3일	5,500	4,500	0	0	0
10월 4일	5,500	1,500	0	6,000(지각)	0
10월 5일	5,500	4,500	60,000	8,000(차끊김)	2,000(펜)

10월 초의 지출내역을 살펴보겠습니다. 5일 날 술값을 내고 택시까지 탔다는 것도 알 수 있고 매일 커피로 지출되는 비용도 만만치 않다는 것을 알 수 있습니다. 택시 대신 대중교통을 이용하는 것만으로도 상당한 돈이 절약되겠네요. 커피 역시 저렴한 테이크아웃으로 대체하거나, 사무실에서 직접 타서 먹으면 좋겠고요.

이런 식으로 주로 소비가 이루어지는 항목별로 정리해 놓는다면 어디서 문제가 생겼는지 한눈에 쉽게 파악할 수 있습니다.

축의금 내다가 허리가 휜다고? 연 지출 리스트를 작성해 놓자

언제 어디서 발생할지 모르는 변동성 지출. 그 대표적인 예는 경조사입니다. 가족, 친척, 친구 그리고 직장 동료 등 사회생활을 오래 할수록 주변에 결혼하는 지인이 많아집니다. 행복한 결혼을 축하해야 하는 것이 당연하지만, 평균 5만 원에 이르는 축의금을 한 달에 몇 차례씩 내야 한다고 생각하면 속이 쓰립니다. 경조사처럼 언제 어디서 어떻게 생길지 모르는 변동성 지출은 월 지출 가계부만이 아니라 연 지출 리스트를 함께 작성합니다.

가족이나 친한 친구의 생일, 기념일 등을 고려하고, 차량이 있는 운전자라면 차량수리비를 리스트에 포함시킵니다.

1월	차량수리비	400,000
4월	경조사	100,000
5월	부모님선물	400,000
7월	휴가비	200,000
9월	경조사 + 주정차위반	100,000
12월	크리스마스 선물	200,000
1년 합계		1,400,000

변동성 지출은 월별로 변동폭이 크지만, 연 단위로 길게 보면 해마다 비슷한 금액이 나옵니다. 연 지출 리스트를 작성하여 연초에는 전년도의 연 지출만큼 비상금을 확보해야 어떤 상황에서도 고정적인 내 월급으로 흔들림 없이 저축을 진행할 수 있습니다.

어떤 가계부를 쓰는 게 좋을까?

가장 기본적인 노트형 가계부는 작성자가 직접 수기로 작성하기 때문에, 많은 정성이 들어가는 만큼 여러 장점이 있습니다. 수입과 지출을 직접 기록하고, 그에 대한 평가도 얼마든지 자유롭게 작성할 수 있습니다. 월별 결산을 마친 다음, 목표한 계획대로 이루어졌는지 항목별로 정리하는 것이죠. 매달 작성하다 보면, 나의 소비성향을 파악하고 불필요한 지출을 줄이는 노력을 지속할 수 있습니다. 또한 일일이 작성을 해야 하기 때문에, 자연스럽게 메모하는 습관이 길러진다는 장점도 있습니다. 정형화된 가계부 책자가 아니더라도 지출을 곧바로 기록할 수 있도록 휴대가 간편한 작은 사이즈를 추천합니다.

매일 같이 노트에 기록하려니 귀찮은 가계부 정리. 그래서 나온 것이 인터넷 가계부입니다. 특히 재테크 정보를 다루는 '모네타' 사이트의 가계부는 10년 이상 많은 회원들이 써온 것으로 유명합니다. 내가 쓴 내역을 스스로 점검하는 걸 넘어서, 다른 사람들에게 공개하고 조언을 받아가며 서로 재테크를 응원하는 문화가 자리 잡은 것이죠. 위에서 말한 '모네타 가계부' 외에도 '네이버 가계부', '이지데이 가계부', '후잉 가계부' 등 여러 버전이 나와 있으니 그중 취향에 맞는 걸 고르면 됩니다. 이러한 인터넷 가계부의 장점은 통계를 쉽게 확인할 수 있다는 점입니다. 노트형 가계부가 일일이 계산기를 두드려 가며 결산하는 데 비해, 인터넷 가계부는 자동으로 계산이 되므로 알아보기 쉽지요. 또한 항목별 지출, 연간 지출, 자산과 부채 비율 등 지난 내역을 체계적으로 분석할 수 있어 앞으로의 머니 플랜을 세우는 데 도움이 됩니다.

다양한 어플리케이션으로 우리 일상을 편리하게 만들어 주는 스마트폰. 가계부 역시 마찬가지로 다양하게 나와 있습니다. 터치 몇 번으로 귀찮은 가계부 작성을 대신할 시대가 온 것이죠. 가장 유명한 어플로는 '꿀꿀이가계부', '편한가계부', '똑똑가계부' 등을 꼽을 수 있습니다. 무료 서비스인데다 유료 어플 못지않은 기능을 가지고 있으니, 어느 것을 사용해도 좋습니다. 요즘 나오는 어플은 카드 사용 내역과 통장 입출금 내역을 자동으로 기록하고, 언제 어디서 썼는지도 저장해 주기 때문에 무척 편리합니다. 또한 설정만 미리 해 놓으면, 카드 사용처에 따라 항목별로도 정리가 되니 현금지출만 꼼꼼하게 기록해두면 됩니다. 이런 모바일 가계부는 언제 어디서나 간편하게 이용할 수 있어, 휴대성으로는 최고로 꼽힙니다.

4

학자금대출을
먼저 갚는 게 좋을까?

대학을 졸업한 20대의 절반 이상은 학자금대출이라는 빚이 있습니다. 적게는 100만 원부터 많게는 1000만 원 이상까지 액수는 천차만별이지만 공통적으로 생각하는 부분은, 학자금대출을 '빚'이라고 생각하기 때문에 말하기 부끄러워하는 경우도 있고, 빨리 이 빚을 없애버리고 싶다고 합니다. 그렇다면 무조건 빚을 빨리 갚는 것이 정답일까요?

빛나는 졸업장의 그림자

학자금대출을 받아 학교를 졸업하고 나니, 많지 않은 월급에 대출금 상환까지 생각하면 스트레스를 받을 수밖에 없습니다. '빚'이라는 짐 때문에 힘들더라도 절망하지 않고, 냉정하게 계산하여 앞일을 내다보는 지혜가 필요합니다. 막연한 불안감에 빠져 있기보다 구체적이고 단계적인 상환계획을 세우는 것이죠. 예를 들어 총 대출금액이 1000만 원인 경우, 매월 80만 원씩 1년 남짓 열심히 상환하면 모두 갚을 수 있습니다. 매월 상환하는 금액은 개인 사정에 따라 조금씩 바뀔 수 있겠지만, 꾸준히 갚아 나간다면 분명 그리 머지않은 날에 모두 상환할 날이 찾아올 겁니다.

일반 대출과는 다른 학자금대출

신용대출이나 담보대출과는 다른 학자금대출. 갚아나갈 계획을 잘 짜려면 먼저 학자금대출만의 특성을 이해할 필요가 있습니다.

학자금대출은 비교적 금리가 낮은, 저금리 대출입니다. 든든학자금의 금리는 2.9%(변동금리, 2015년 기준)로, 시중은행의 가계대출금리가 평균 3~6%인 데 비해 상당히 낮습니다. 일반학자금은 든든학자금에 비해 다소 금리가 높지만, 최근 정부지원 전환대출로 인하여 2009년 이전에 실행한 일반학자금 금리가 2.9% 대로 낮아졌습니다.

또한 학자금대출은 정부가 보증하는 대출이기 때문에 중도상환수수료가 없습니다. 시중은행의 신용대출, 가계대출은 보통 중도상환수수료가

> ▶ **중도상환수수료란?**
> 만기 전에 대출금을 갚을 경우 이자수익이 줄어든 금융기관에서 고객에게 부과하는 벌칙성 수수료. 대출 내용 및 금융기관에 따라 금액이 달라지니, 일반 대출을 받을 경우에는 꼭 체크해야 합니다.

1.5~2% 정도인 걸 감안하면 큰 특혜임을 알 수 있습니다. 따라서 원금은 내지 않고 이자만 납부하는 거치기간, 원금과 이자를 동시에 납부하는 상환기간을 최대로 설정해도, 도중에 갚을 기회가 생기면 추가 수수료 부담 없이 상환이 가능합니다.

내 상황에 맞는 학자금대출 상환법은?

어쩔 수 없이 대출을 받았지만, 상환은 계획적으로 해야겠죠? 내 상황에 딱 맞는 플랜을 짤 수 있도록, 유형별 대출 상환법을 소개합니다.

1. 이제 막 취업해서 학자금대출 이자만 납부한다면

이자만 납부하면 월 상환액이 많지 않기 때문에 부담을 그리 크게 느끼지 않을 겁니다. 이런 분들은 저축과 대출 상환을 병행하세요. 저축 경험이 많지 않으니 학자금대출 상환보다는 올바른 저축 습관 형성이 중요합니다. 그래야 학자금대출 상환 이후에도 지속적으로 저축하기 수월하기 때문입니다.

학자금대출을 최우선으로 갚아나가기로 한 A군의 예를 들어 보겠습니다. 필수적인 소비 이외에 남는 월급을 모두 대출금 상환에 쏟아부은 A군은 5년이란 상환기간보다 앞서 3년 만에 대출금을 모두 청산할 수 있었습니다. 처음 한두 달 간은 후련했지만 그 기분은 오래가지 않았습니다. 열심히 일해서 빚을 갚아놓고 보니, 실질적으로 수중에 가지고 있는 돈은 한 푼도 없어 허탈감을 느꼈기 때문입니다. 동시에 빚이라는 짐을 덜었다는 심리적 해방감, 그리고 빚 갚느라 고생한 자신에게 상을 주려는 보상심리로 인하여 단기간에 소비가 기하급수적으로 늘어나는 역효과도 겪었습니다.

반면에 일정 부분 저축도 하면서 학자금대출을 갚아나가는 경우

도 볼까요? B양은 저축을 하면서 학자금대출을 갚아나가기로 결정
했습니다. 때문에 A군보다는 이자 부담이 크고 대출 상환시점도 뒤
로 밀렸지만, 상환이 모두 완료된 시점에는 어느 정도 목돈이 마련
되어 있었습니다. B양은 목표했던 빚도 다 갚았을 뿐만 아니라 목
돈도 모았다는 성취감 덕분에 흐트러지지 않고 더 열심히 저축을
이어 나갔습니다. 물론 보상심리로 인하여 소비가 일시적으로 증가
할 수는 있지만, 돈 모으는 재미를 알았으니 다시 저축을 열심히 하
게 되는 것이 보편적인 사람의 심리입니다.

취업 후 원리금 상환이 시작되면, 그동안 쌓아온 목돈 중 절반가
량은 학자금대출을 갚아서 대출로 인한 부담을 덜어 주는 것이 좋
습니다. 전부 갚아 버리라고 말씀드리지 않는 이유는, 어느 정도 목
돈이 수중에 남아 있어야 스스로 '저축'했다는 성취감을 느낄 수 있
기 때문입니다. 그래야만 대출금을 상환하고 남은 목돈으로 다시
저축하고, 재투자하는 재미를 느끼며 더욱 재테크에 힘쓸 수 있습
니다.

2. 일반학자금(고금리)이거나, 원리금(원금+이자) 상환액이 부담된다면

이런 경우는 대출금 상환을 우선하고, 낮은 금리로 전환할 방법을
찾는 것이 최선입니다.

대출 금리가 높기 때문에 저축으로 커버하는 데 한계가 있으므로,
고금리의 일반학자금 상환을 우선으로 합니다. 또한 원리금 상환액

이 많다면 저축보다는 학자금 상환에 중점을 두어 경제적 부담과 심리적 부담을 줄이도록 합니다. 원리금 상환조차 부담되는 상황에서 저축을 이어나가다 보면 오히려 저축조차 '짐'처럼 느낄 가능성이 높습니다. 그러니 위의 경우에는 학자금 상환부터 시작합시다.

만약 이미 받은 고금리 대출이 문제가 된다면 한국장학재단전환대출을 알아보세요. 전환심사를 통해 5% 대의 일반학자금 금리를 2.9%로 낮출 수 있습니다. 제2금융권에서 학자금대출을 받은 경우 연 15% 이상의 고금리가 발생하는데, 이때는 '청년대학생고금리전환대출' 및 '대학생·청년햇살론'을 활용할 수 있습니다. 두 제도 모두 신용회복위원회(ccrs.or.kr)가 진행하는 사업으로, 최대 1000만원 한도에서 연 6% 이하로 이용할 수 있도록 도움을 줍니다. 고금리 대출은 하루하루 쌓이는 이자가 부담으로 다가오는 만큼, 최대한 빠른 시일 내에 저금리로 전환하고 대출금을 갚아나가도록 합시다.

추가로 팁을 드리자면, 연체하지 않고 성실하게 상환하는 것만으로도 신용등급이 올라갑니다. 거치기간이 끝난 후 1년 동안 성실하게 대출금을 상환했다면 개인 신용평가 시 가산점을 받습니다. 어차피 갚아야 할 대출금이라면, 제때 납부해서 연체 이자도 피하고 신용등급도 올리는 게 똑똑한 재테크 아닐까요?

대학생/청년 햇살론 이용하기

대학(원)생 또는 29세 이하 청년층이 학자금, 기타 생활비 명목으로 금리 15% 이상의 대출을 이용 중인 경우 제1금융권 이율로 지원하는 제도입니다. 보증금액은 최대 1000만 원, 상환기간은 최대 7년(거치기간 최대 4년)으로 원금균등분할상환 방식이 적용됩니다.

유의해야 할 사항으로는, 신청일 기준 6개월 이전 대출 건만 신청 가능하다는 점과 최근 6개월 이내 대출 연체일수가 90일 이하여야 한다는 점이 있습니다.

모든 조건을 충족하는지 확인한 후 보증 신청을 하면 심사 및 교육을 거쳐 보증서가 발급됩니다. 이때 제출해야 하는 서류가 다소 많은 편이니 미리 꼼꼼하게 확인하도록 합시다. 그런 다음 대출을 받았던 시중은행을 방문하여 전환대출실행을 요청하면 됩니다.

구분	구비서류
공통	신용보증 신청서
	주민등록등본 및 신분증
	보유재산 증빙서류 (재산보유시)
	부채증명서 또는 금융거래확인서
	고금리대출 상환계좌 확인서
근로자 제출용	재직증명서 + (택1) 근로소득원천징수영수증 / 연봉계약서 / 급여통장 또는 급여명세서 사본 / 소득증명서

든든학자금 갚아나가기

든든학자금대출은 대학 졸업 전에는 상환 의무가 없고, 취업 후 소득이 발생하면 원금과 이자를 갚아나가는 방식입니다. 이때는 상환 기준 소득이 정해져 있어서, 연봉 1900만 원 이하라면 학자금 상환이 들어오지 않습니다. 소득의 일부가 원천징수로 차감되는 의무상환과 자발적 상환이 있는데, 여기서는 소득발생 여부와 상관없이 수시로 갚아나가는 자발적 상환 방법 2가지를 알아보겠습니다.

1. 매월 자동이체로 갚아나가기

한국장학재단 홈페이지 내 '든든이체약정'에서 계좌정보(금액/회차/상환일)를 등록하면, 일정한 금액이 자동으로 상환되므로 안심할 수 있습니다. 단, 의무상환이 시작되지 않은 대출에 한해 신청할 수 있으니, 소득 발생 전에 미리 설정해야 합니다.

2. 여유가 될 때마다 중도 상환하기

한국장학재단 홈페이지 내 '중도상환'에서 대출계좌를 선택한 후, 상환금액을 입력하고 실행하면 됩니다. 상환 이후에는 남은 원금에 대한 이자만 내면 되므로, 기회가 될 때마다 중도상환을 하면 이자를 줄이는 데 효과적입니다.

5

알뜰하게 연애할 수 있는 방법 없을까?

연애를 시작하면 남녀노소 할 것 없이 저축 여력이 줄어듭니다. 특히 여성에 비해 남성 분들의 저축 습관이 많이 흐트러집니다. 사랑하는 여자친구와의 미래를 준비하려면 미리부터 알뜰하게 연애해야 하지 않을까요? 그래서 소개합니다, 연인의 소비성향을 점검하고 데이트 과소비도 줄여주는 커플통장!

똑똑한 연애꾼들의 필수품, 커플통장

커플이 되면 참 좋은데 문제는 돈을 많이 쓰고, 돈을 계속 쓰고, 돈을 항상 쓴다는 점이죠. 게다가 기념일은 왜 이리도 많은지, 정작 연애하다가 결혼자금은 모으지도 못하는 건 아닌지 걱정하는 분도 많을 겁니다. 솔로인 분들은 그런 사정을 잘 아는 까닭에 일부러 애인을 사귀지 않는 분들…인 거죠? 그, 그렇죠?

커플이 되었다면 지출이 늘어나기 마련입니다. 당연히 사랑하는 연인과 좋은 걸 함께하고 싶고, 그러다 보면 비용이 부담됩니다. 커플 중 한쪽이 과도하게 데이트 비용을 부담할 경우, 즐거운 데이트가 스트레스로 변할 수도 있지요. 그렇게 된다면 오히려 연애의 행복도가 떨어지는 만큼, 좋은 걸 함께하면서도 정해진 예산 안에서 쓰는 것이 올바르지 않을까요?

1. "오빠야, 우리 커플통장 만들자!"

커플통장을 쓰고 싶어도 여자친구에게 말을 꺼내기가 쉽지 않아 고민하는 남성분이 많습니다. 현명한 여자라면 남자친구에게 먼저 커플통장을 제안합시다. 남자친구의 심적 부담도 덜어 주고, 남자친구는 '내 여자친구가 이렇게 나를 생각하는 착한 여자구나!'라는 생각에 더욱 사랑이 샘솟을 겁니다.

2. 커플통장은 수시입출금 통장으로

커플통장은 오로지 소비만을 위한 통장이므로 수시입출금 통장을 활용하는 것이 가장 좋습니다. 이렇게 말하면 'CMA를 커플통장으로 쓰면 수시입출금도 되고 이자도 쌓이니, CMA가 딱이네'라고 생각하는 분들이 있지만 그건 조금 다릅니다. 소비만을 위한 통장이므로 데이트비용을 몇백만 원씩 넣어 두지 않는 이상 CMA 이자는 크지 않습니다. 오히려 체크카드를 활용하여 영화 티켓 할인 등의 카드 혜택을 받는 것이 유리합니다.

커플통장이라는 별도의 상품이 있는 게 아니라, 한 사람 명의로 통장을 만들고 체크카드를 발급받는 방식입니다. 은행 창구에 가서 무작정 '커플통장'을 발급해 달라고 말하는 분은 없겠죠? 커플 통장이라고 굳이 공동명의로 만들 필요는 없습니다. 공동명의 통장의 경우 소득공제 혜택을 받지 못하니, 소득이 높거나 지출이 많은 사람의 명의로 통장을 개설합니다.

3. 입금 금액과 비율 정하기

다음으로는 통장을 만들었으니 돈을 입금해야 하는데, 얼마씩 넣어야 할지 감이 잡히지 않는다고요? 금액 정하기는 어렵지 않습니다. 남들 이야기를 참고하기보다는 커플 당사자들의 데이트 상황에 맞게 정하면 됩니다. 어떤 데이트를 선호하는지 또 무엇을 먹고 어디를 가는지에 따라 천차만별이니, 직접 자신의 소비내역을 체크해보세요.

한 달 데이트 비용 = 한 달 데이트 횟수 × 평균 지출비용

여기까지는 크게 어렵지 않지만, 이다음이 문제입니다. 바로 커플간의 입금 비율이죠. 다른 것 따질 필요 없이 쉽게 5 대 5로 부담하면 편리하겠지만, 현실에서는 커플의 상황에 따라 비율이 달라지기 마련입니다. 직업, 소득, 나이, 형편 등에 따라 어느 한쪽이 부담

없는 선에서 좀 더 내는 식으로 정하거나, 매달 같은 금액을 입금하
되 비용이 부족한 경우 한쪽에서 더 내는 식도 생각해 볼 수 있겠
죠? 커플통장으로 사랑도 지키고 통장 잔고도 지킵시다!

스마트한 커플통장 활용법

1. 입출금/사용내역 문자 서비스를 신청하세요

명의자에게 사용 내역 메시지가 오도록 설정하세요. 통장은 반대 사람이 관리하도록 합니다. 이렇게 하면 투명하게 커플 통장을 사용하면서 서로의 신뢰도 얻을 수 있겠죠?

2. 한 달 데이트 비용을 다 쓰고도 통장에 잔액이 남았다면?

자유적금 개설 후 남은 차액을 입금하세요. 기념일에 유용하게 사용할 수 있을 겁니다.

3. 한 통장에 체크카드 2개

너와 나 하나씩, 2개의 체크카드로 혜택도 2배로! 단 체크카드 실적 조건에 유의하세요.

4. 통장정리는 곧 데이트 기록

이용 내역이 통장에 새겨질 때마다 데이트 일기 같은 추억도 새겨집니다.

5. 헤어지면 어떡하나?

명의자는 지금껏 연말정산 소득공제 혜택을 받았으니, 남은 돈은 상대방에게 입금해 줍시다. 이게 바로 커플통장의 도의 아닐까요?

PART 2

은행의 쌩얼을
수배합니다

증권사, 보험사는 몰라도 은행은 안 가본 사람 없지요.

친근한 은행, 그렇지만 모르고 이용하면 뒤통수를 맞을지도 모릅니다.

1%대 초저금리 시대의 똑똑한 은행 사용법

풍차적금, 매달 만기가 돌아오는 적금이라고?

주택청약종합저축, 이거 꼭 가입해야 하나요?

이름도 어려운 '방카슈랑스', 대체 정체가 뭘까?

만능통장 ISA는 어떻게 쓰는 건가요?

월급통장 은행과 주거래 은행, 어떻게 고를까?

예금과 적금, 왜 만기 이자가 다를까?

풍차적금, 매달 만기가 돌아오는 적금이라고?

주택청약종합저축, 이거 꼭 가입해야 하나요?

이름도 어려운 '방카슈랑스', 대체 정체가 뭘까?

만기 때마다 내기 아까운 이자소득세, 줄일 방법이 없을까?

만능통장 ISA는 어떻게 쓰는 건가요?

6

월급통장 은행과 주거래 은행, 어떻게 고를까?

길가다 보면 여러 은행을 마주치게 됩니다. 어느 한 곳만 이용하기보다는 적어도 두세 곳은 이용하시는 분이 많지요. 어렸을 때부터 우리와 떼려야 뗄 수 없는 익숙한 공간인 은행, 과연 은행은 어떤 기준으로 어떻게 고르는 게 좋을지 알아볼까요?

나는 은행과 연애한다!

연애할 때 문어발 연애하는 분 있나요? 양다리를 넘어서 세 다리 네 다리! 이렇게 연애하는 사람은 흔치 않을 뿐만 아니라 욕을 얻어먹기 십상이죠. 단 한 사람만 바라보는 게 사랑하는 사람에 대한 예의잖아요. 한 사람에게 올인해야 행복한 연애를 지속할 수 있고, 오래 만날수록 서로를 잘 알게 되어 이해하고 배려하게 됩니다.

은행도 마찬가지입니다. 은행을 내 연인이라고 생각하시면 간단합니다. 당연히 한 은행을 지속적으로 이용하는 것이 가장 좋겠죠? 계속 이 은행 저 은행을 만나다 보면, 조강지처 은행도 당신에게 질릴지 모릅니다.

은행 선택의 기준: 나의 이직 가능성

1금융권이라면 어느 은행을 선택하든 상관없습니다. 앞서 말한 것처럼 '조강지처 은행', 즉 가장 많이 쓰는 주거래은행을 만드세요.

월급통장은 회사에서 정해주는 경우가 많기 때문에, 이직 가능성이 높다면 주거래 은행을 하나 정한 후 그 은행만 활용하는 편이 좋습니다. 월급통장은 월급만 받는 용도로만 이용합니다.

공무원처럼 이직 가능성이 높지 않다면 월급통장 은행과 주거래 은행을 같은 은행으로 설정하세요. 어차피 월급통장을 바꿀 일이 없으니 한곳에 꾸준히 실적을 쌓는 것이 좋습니다.

주거래 은행의 장점: 대출금리

주택담보대출이나 전세자금대출은 은행 실적에 영향을 크게 받지 않지만, 신용대출은 은행 실적이 있어야만 가능한 경우가 많습니다.

만약 처음 보는 사람이 와서 돈을 빌려 달라고 하면 어떻게 할 건가요? 아마도 빌려줄 분은 많지 않을 겁니다. 하지만 오래 알고 지낸 사이라면 전부, 혹은 일부를 빌려줄 수도 있겠죠? 신용대출은

이 경우입니다. 말 그대로 '신용'으로 돈을 빌리는 것이므로, 집중적으로 주거래 은행에 실적을 쌓아야 유리합니다.

참고로, 주거래 은행을 정할 때 해당 은행을 얼마나 오래 이용했는지는 크게 중요하지 않습니다. 1년만 써도 VIP가 될 수 있고, 10년을 써도 일반등급일 수도 있습니다. 중요한 것은 '은행내부등급'입니다. 은행내부등급은 급여이체나 혹은 해당 은행에서 가입한 금융상품, 통장 잔액 등의 점수를 산출하여 정해집니다. 그렇기 때문에 여러 은행을 나눠서 이용하기보다는 한곳에서 꾸준히 실적을 쌓아 나가는 게 중요합니다.

7

예금과 적금, 왜 만기 이자가 다를까?

'저축해야지'라고 마음먹으면 가장 먼저 떠오르는 건 은행 적금입니다. 그럼 적금이 만기가 되면 어떻게 하나요? 대부분 예금을 합니다. 예금과 적금은 실과 바늘처럼 떼려야 뗄 수 없는 관계라고 볼 수 있죠. 내 돈이 담기는 가장 기본적인 그릇에 대해 알아봅시다.

가장 많이 헷갈리는 적금/예금 이자 계산법

매달 100만 원을 2% 이율로 1년 만기 적금상품에 가입했다고 칩시다. 원금(내가 낸 돈)은 1200만 원입니다. 그렇다면 이자는 얼마일까요? 많은 사람들이 1200만 원의 2%인 24만 원이라고 계산합니다.

그러나 정답은 24만 원이 아닌 11만 원입니다. 여기서 포인트는 연 이율 2%가 '1년 동안 출금 없이 은행에 맡겼을 때 지급받는 이자'라는 것입니다. 연 이율을 전부 적용 받는 건 첫 달에 넣은 돈뿐이라는 게 함정이죠! 그래서 적금 이자는 이렇게 계산됩니다.

	납입금	이율×거치기간	이자
1월	1,000,000	2%×12/12	20,000
2월	1,000,000	2%×11/12	18,000
3월	1,000,000	2%×10/12	16,000
…	…	…	…
12월	1,000,000	2%×1/12	1,600

즉, 내가 납입한 돈이 적금 만기까지 몇 개월 동안 머물러 있느냐가 이자 계산의 척도가 됩니다. 이런 식으로 첫 번째 달에 납입한 100만 원의 이자는 2만 원이 되고, 매달 적용해 보면 마지막 달에 납입한 100만 원의 이자는 1600원이 됩니다. 따라서 원금 1200만 원의 이자는 약 13만 원입니다. 그럼 13만 원이 최종 수익일까요? 아닙니다. 이자소득세(15.4%)를 떼고 나면 총 이자는 약 11만 원이 됩니다. 처음에 계산했던 24만 원과 비교하면 엄청난 차이죠?

위와 동일한 조건으로 적금이 아닌 예금을 넣었다면 이자는 어떻게 달라질까요? 1200만 원을 2% 이율로 1년 만기 예금에 가입할 경우는 이렇게 계산됩니다.

전체 원금 12,000,000 × 2% = 240,000

여기서도 이자소득세 15.4%는 떼므로, 실질적으로 받는 이자는 약 20만3000원입니다. 이처럼 같은 조건이라도 예금이냐 적금이냐에 따라 이자가 달라지는 걸 확인하실 수 있습니다. 중요 포인트는 우리가 알고 있는 이율이 1년 동안 돈을 묶어 놨을 때 받는 돈이라는 거겠죠?

매달 돈을 쌓는 적금 vs 목돈을 묶어 놓는 예금

예금과 적금은 돈을 모은다는 목표는 동일하지만 방식에 차이가 있습니다. 적금은 매달 돈을 쌓아 가는 적립식이고, 예금은 일정기간 돈을 맡겨 두는 거치식입니다. 즉, 적은 돈으로 목돈을 만들 땐 적금, 목돈이 쌓이면 예금입니다.

취업한 지 6개월 차, 다음달부터 2년 동안 매월 60만 원씩 모아서 종잣돈을 마련할 계획인 A씨의 경우에는 어느 쪽이 유리할까요? 1년 적금 후 만기가 되면 그 돈으로 1년짜리 정기예금에 가입하고 신규로 1년 적금을 시작하세요. 이때 처음부터 2년짜리 적금에 가입하지 않는 이유는 1년 만기 적금과 2년 만기 적금의 금리 차이가 거의 나지 않기 때문입니다. 2년 만기 이율이 보통 0.2% 높은데, 실제 이자를 계산해 보면 이자 차이는 크지 않습니다. 금리 차이가 0.2%라면 매달 100만 원씩 적금에 넣는 경우, 1년 이자 수익은 1만 원밖에 차이 나지 않습니다. 대신 기간이 길면 길수록 적금을 유지하기가 어려워지므로, 1년짜리 상품에 가입하여 빨리 만기를 맞는 게 유리합니다.

1000만 원 여윳돈을 굴리고 싶은 B씨의 경우는 어떨까요? 이 돈은 1년 후에 이사할 때 보태 쓸 예정이라고 합니다. 이때는 사용 용도가 정해져 있으니 1년짜리 정기 예금에 가입하는 편이 유리합니다.

이처럼 자신의 상황에 맞게 비율을 조정하는 게 가장 중요합니다. 단기(1~2년)적인 목표가 있는 돈이라면 예·적금을 이용하는 게 일반적입니다. 구체적인 목표에 맞춰 모아서 쓸 돈이기 때문에 안정적으로 모으는 데 초점을 맞추는 겁니다. 단기 자금이기 때문에 이율과 물가상승률에 크게 신경 쓸 필요 없이, 목표한 금액을 모으는 데 집중하면 됩니다.

2년보다 긴 시간을 투자할 목적자금(주택자금/노후자금/자녀교육자금 등)은 물가상승률을 감안하여, 예·적금보다는 별도의 투자 상품을 활용하는 경우가 많습니다. 이런 식으로 목적과 기간에 따라 예·적금 이외에도 적절히 금융상품을 나눠 쓰는 지혜가 필요합니다.

목돈이 있다면 적금보다는 예금을

이자 수익으로만 따지자면, 예금 이자가 적금 이자의 2배라고 보면 됩니다. 연 3% 예금 상품은 실질적으로 연 6% 적금 상품과 비슷한 수준이에요. 하지만 요즘은 정기예금 금리가 1%대 중후반에 그치고 있어, 이자만으로 많은 수익을 올리기는 어렵다는 점도 기억해 두세요.

저축 금액이 들쑥날쑥 할 때는 자유적금을 이용하자

월 소득이 일정치 않아 저축 금액이 들쑥날쑥하거나, 목돈의 금액이 크지 않아 정기예금에 가입하기 애매하다면 자유적금에 가입하는 방법도 있습니다.

자유적금은 금액 상관없이 수시로 입금하는 적금으로 정기적금보다 이율이 조금 낮은 편입니다. 또한 입금 최소한도/최고한도가 정해져 있으니, 가입 전에 확인하세요. 예를 들어 '월 1000원 이상, 1개월 100만 원 한도'라는 조항이 있다면 한 달에 입금할 수 있는 금액이 1000원에서 100만 원까지라는 뜻입니다. 물론 입금제한 없이 얼마든지 입금 가능한 상품도 있습니다.

8

풍차적금, 매달 만기가 돌아오는 적금이라고?

"저축은 너무 어려워." "나는 원래 적금이랑 안 맞는걸." 분명 1년 내내 월급 받았는데 잔고는 얼마 없는 통장을 보면서, 이렇게 생각하고 계시진 않나요? 누구나 처음엔 꾸준히 오랫동안 돈을 모으는 습관 들이기 쉽지 않습니다. 게다가 처음부터 무리해서 큰 금액을 저축하면, 얼마 안 가서 지치기 마련이죠. 저축을 어렵게만 느끼는 분들을 위해 준비했습니다. 이름하여 풍차적금!

저축이 어려운 적금 브레이커

'그동안 모은 돈이 이것밖에 안 된다고? 저축해야지!'하고 마음을 딱 먹고 50만 원, 100만 원씩 적금을 시작한 A양. 결과는 어떻게 되었을까요? 갑자기 친구 결혼식도 잡히고, 주말에 놀러 갈 계획도 생기고… 결국 두세 달 안에 적금을 해지하고 맙니다. 이러다 보면 어느새 적금으로 모았던 돈도 야금야금 다 써 버리고 결국 모은 돈은 0원. 이렇듯 아직 적금으로 돈을 모으는 습관이 생기지 않은 분들을 위한 필살기, 풍차적금을 소개해 드립니다.

매달 만기가 돌아오는 풍차적금이란?

풍차적금, 처음 들어보시는 분들 많으시죠? 풍차 돌리기, 릴레이 적금 등의 이름으로 불리는 이 저축 방법은 말 그대로 '계속 굴러가는' 저축 방법입니다. 이 방법은 저축을 처음 시작하는 분들이나, 저축에 계속 실패했던 분들이 쓰면 아주 좋은 효과를 볼 수 있습니다. 저축 유지 효과 + 저축에 대한 재미를 느끼게 해 줍니다. 그로 인해 저축하는 맛이 나서 저축 습관이 잡히는 거죠.

풍차적금은 6개월짜리 적금으로 시작하는 것이 좋습니다. 6개월짜리든 1년짜리든 실제 이자 차이는 크지 않으니, 빨리 적금 만기가 돌아오는 편이 저축 습관 잡기에 더 효과적이거든요. 또 신규 적금을 가입하려고 매달 은행에 갈 필요는 없습니다. 인터넷뱅킹, 모바일뱅킹을 이용하면 됩니다.

회차	1월	2월	3월	4월	5월	6월
1	5만	5만	5만	5만	5만	5만
2		5만	5만	5만	5만	5만
3			5만	5만	5만	5만
4				5만	5만	5만
5					5만	5만
6						5만
한달 저축액	5만	10만	15만	20만	25만	30만

풍차적금은 매달 같은 금액의 적금을 개설하는 것입니다. 6개월 만기가 목표이니 총 6개의 적금이 생기겠죠? 이렇게 매달 5만 원짜리 6개월 만기 적금을 가입하면 마지막 달에 저축하는 금액은 30만 원으로, 처음에 5만 원으로 시작했던 저축액이 조금씩 늘어나게 됩니다. 총 6개의 적금을 완성시킨 후, 다음 달인 7번째 달에는 어떻게 될까요?

회차	1월	2월	3월	4월	5월	6월	7월	8월	9월	10월	11월	12월
1	5만	5만	5만	5만	5만	5만						
2		5만	5만	5만	5만	5만	5만					
3			5만	5만	5만	5만	5만	5만				
4				5만	5만	5만	5만	5만	5만			
5					5만	5만	5만	5만	5만	5만		
6						5만	5만	5만	5만	5만	5만	
7							5만	5만	5만	5만	5만	5만
8								5만	5만	5만	5만	5만
9									5만	5만	5만	5만
10										5만	5만	5만
11											5만	5만
12												5만
적금 만기							30만 (1월)	30만 (2월)	30만 (3월)	30만 (4월)	30만 (5월)	30만 (6월)

7개월 차부터 매달 적금 만기가 돌아오면서 30만 원씩 생기네요? 매달 만기가 되는 적금이라니, 매달 보너스 받는 느낌이 들 겁

니다. 생각만 해도 기분이 좋죠? 이런 경험을 한번 겪어보면 저축에 재미를 붙이게 됩니다. 딱 6개월 만에 저축습관을 바로잡는 비법, 풍차적금입니다.

모든 일이 첫술에 배부를 순 없습니다. 티끌 모아 티끌일지라도 티끌조차 안 모으면, 남들 다 갖고 있는 티끌조차 없는 빈털터리가 되겠죠. 풍차적금을 통해 티끌부터 모아가며 저축을 시작하는 건 어떨까요?

9

주택청약종합저축, 이거 꼭 가입해야 하나요?

40, 50대 가장들도 부담스러워 할 정도로 집값이 터무니없이 오른 까닭에, 가뜩이나 정규직 취업도 어렵고 월급도 적은 20, 30대에겐 더더욱 큰 부담으로 다가옵니다. 내 집 마련의 꿈을 이루기 위한 발판이자 분양의 필수품인 주택청약종합저축, 미리 알아보고 준비합시다.

엄마가 대신 가입해 주셨을 법한 통장 1호, 청약저축

갖고 있는 사람은 많지만 왜 하는지, 어디에 어떻게 쓰는지 아는 사람은 얼마 없는 주택청약종합저축. 일단 이름에서 알 수 있듯이 주택 청약할 때 쓰는 금융상품입니다. "집 살 계획 있으니까 우선순위를 주세요!"라고 의사표시를 하는 상품이라는 거죠.

주택을 구입하려면 주택청약이 꼭 필요할까요? 그렇진 않습니다. 앞서 답변한 것처럼 주택청약은 '신규주택 분양' 시 사용하니, 개인 간에 기존 주택을 거래할 때는 필요 없습니다. 하지만 공영주택(국가건설, LH&SH공사 등), 중형국민주택(국가지원 받은 민간건설사 주택), 신도시(분양경쟁 치열한 곳)에 청약하려는 분들은 있어야 합니다! 그래야 분양 당첨 확률이 높겠죠?

결론부터 말하자면 주택청약은 '하나는 꼭 가입해 두자'가 됩니다. 아직 어떤 형태의 집을 살지도 모를뿐더러 좋은 기회가 오면 주택청약을 이용해 분양 받아 분양권을 웃돈(프리미엄)받고 팔 수도 있기 때문이죠.

그렇다면 다양한 이름으로 나와 있는 상품 중에 어떤 상품을 가입해야 할까요? 이제는 고민할 필요 없이 '주택청약종합저축'입니다. 2009년 5월에 나온 주택청약종합저축은 말 그대로 청약저축/예금/부금의 기능을 합친 종합상품입니다. 과거에는 청약저축, 예금, 부금 등으로 공영주택/민영주택/평수에 따라 상품이 나뉘어 있었으나, 지금은 하나로 통합되었습니다.

게다가 청약저축은 어느 은행에 가나 똑같으니 어디서 가입하든 상관없습니다. 금리도 동일해서 차이가 없으니, 주거래 은행에서 가입하세요. (참고: 국민, 농협, 우리, 신한, 기업, 하나은행에서 가입 가능) 인터넷/스마트뱅킹으로도 가입 가능하므로, 굳이 영업점을 방문하지 않아도 됩니다.

주택청약 1순위가 되려면?

주택청약상품이 있으면 공공주택을 분양받을 때 유리하다고 말씀드렸죠? 가입만 해두면 끝일까요? 그렇지 않습니다. 같은 주택청약이라도 이행 조건에 따라 순위가 달라집니다. 누군 오래 납입하고 누군 이제 막 가입했는데, 둘 다 같은 점수를 주면 공평하지 않으니까요.

주택청약 1순위 조건은 서울/수도권의 경우 월 2만 원 이상 1년(12회) 납입, 지방은 월 2만 원 이상 6개월(6회) 납입 시 1순위가 됩니다. 이 내용은 국민주택만 해당되며, 민영주택의 경우 국민주택 조건에 더해 예치금액 등 추가적인 조건이 있으니 주택청약 사이트인 아파트투유(apt2you.com)에서 확인하세요. 또한 가입기간/무주택기간/부양가족 수 등에 따라 가산점이 부여됩니다.

주택청약, 나는 얼마를 넣어야 적당할까?

독립해서 전세로 살고 있고, 월 수입도 여유 있는 A씨는 월 10만 원씩 넣으면 좋습니다. 무주택 세대주이기 때문에 소득공제 혜택을 받을 수 있습니다. 연간 240만 원까지 소득공제가 적용되지만, 청약저축 회차당 최대 인정되는 금액이 10만 원이기 때문입니다.

부모님과 함께 살고 월급이 빠듯한 B씨는 월 2만 원씩 넣는 게 좋습니다. 무주택세대주가 아니니 소득공제도 받지 못하고 실제 주택을 분양받기 전까지 묶이는 돈이므로, 독립자금 또는 결혼자금을 마련하는 걸 우선으로 합니다.

옛날만큼은 아니어도 여전히 청약은 중요하다

과거 부모님 세대(베이비붐)에는 주택을 구입하려는 사람이 많았습니다. 주택 공급 물량보다 수요가 더 많아서 수요-공급 논리에 따라 집값이 많이 올랐지요. 그럴수록 점점 더 분양 경쟁이 치열해졌습니다. 따라서 정부에서는 많은 사람들에게 공평한 기회를 주기 위해 주택청약 제도를 도입한 것입니다. 이 상품을 가지고 있으면 가산점을 주는 방식으로요. 그래서 청약상품이 꼭 필요했습니다.

그러나 지금은 다양한(저출산, 핵가족화, 부동산 버블 등) 이유로 과거처럼 경쟁이 치열하지는 않습니다. 공급이 많고 가격이 떨어지는 추세기때문에 과도한 분양경쟁에서 우선권을 얻기 위한 금융상품인 주택청약은 과거보다 메리트가 떨어진 상태입니다. 하지만 공공주택이 부족한 우리나라 여건상, 국가에서 분양하는 주택을 분양 받으려면 꼭 구비해 두어야 합니다.

청약저축 추가 포인트

주택종합청약저축을 장기적금으로 착각하고 많이 넣으면 안 됩니다. 중도 해지하고 재가입하면 청약순위가 다시 처음부터 매겨집니다. 분양까지 묶인 돈이므로 많은 금액을 넣는 것은 금물입니다.

또한, 청약저축 소득공제는 무주택세대주로 은행에 등본과 무주택서약서를 제출해야만 받을 수 있습니다.

이름도 어려운 '방카슈랑스', 대체 정체가 뭘까?

10년짜리 적금 하고 계신 분들 많지요? 아마 은행에서 접하셨을 겁니다. 흔히 '목돈 만들기', '1억 만들기'라는 이름으로 알고 가입합니다. 그런데, 내가 가입한 게 '장기적금' 상품이 아니라니? 은행에서 가입하니 장기적금인 줄로만 알았는데, 어떻게 된 일일까요?

장기적금은 없다, 저축보험만 있을 뿐

한마디로 설명하자면, 10년짜리 적금은 없습니다. 그렇게 착각하도록 만드는 상품은 바로 '방카슈랑스', 은행에서 판매하는 저축보험의 일종입니다.

방카슈랑스는 은행(bank)과 보험(insurance)의 합성어로, 은행에서 보험사의 상품을 대리로 판매하는 것을 가리킵니다. 은행이라고 해서 특별한 보험을 판매하는 건 아닙니다. 일반적으로 보험사를 통해 가입하는 상품과 동일합니다. 은행 판매를 목적으로 하기 때문에 수수료 차이를 제외하고는 크게 다르지 않습니다. 상품 자체로는 은행에서 가입하나 보험사에서 가입하나 똑같습니다.

왜 은행에서 보험사의 상품을 판매하는 걸까요? 은행의 주 수입원인 예대마진(예금과 대출의 금리 차이, 쉽게 말해 내가 은행에 맡긴 돈에 이자 2%가 붙고 은행이 그 돈을 남에게 5% 이자로 빌려주면 예대마진은 3%)이 저금리 시대로 진입함에 따라 과거에 비해 많이 줄어들었습니다. 그 결과, 방카슈랑스를 비롯한 기타 금융사 상품의 판매 수수료가 은행의 주 수입원 중 하나로 떠오르게 되었습니다. 보험사의 경우 보험설계사 대비 은행에 주는 수수료가 조금 더 저렴하여 더 많은 이익창출이 가능하고, 은행을 통해 새로운 판매 채널을 확보하게 된 것입니다. 은행 입장에서는 은행을 방문하는 고객에게 비교적 손쉽게 방카슈랑스를 판매할 수 있기 때문에 보험사와 은행의 윈윈전략이 되었습니다.

방카슈랑스, 가입해도 되는 걸까?

물론입니다. 장단점을 잘 알고 상황에 맞게 활용할 수 있다면요. 방카슈랑스 자체로는 나쁜 상품이 아닙니다. 제대로 알고 활용하면 얼마든 유용하게 활용할 수 있습니다. 저축보험, 연금보험이 대표적인 상품이죠. 저출산·고령화사회로 진입하고 저금리기조가 지속될 것으로 예측되니, 복리+비과세 효과를 노려서 장기적으로 가져가기 좋습니다.

게다가 방카슈랑스는 은행 점포와 보험사의 업무제휴로 가입이 이루어지는 만큼, 보험설계사의 비중이 없어 수수료가 저렴합니다. 따라서 이미 가입을 염두에 둔 보험 상품이 있고 관리자가 필요 없다면, 은행에서도 판매하고 있는지 알아보세요.

은행은 언제든 쉽게 방문할 수 있기 때문에 부담없이 가입이 가능합니다. 또한 은행 내에 한 보험사가 아닌 여러 회사의 '저축보험'이 구비되어 있으므로, 내 입맛대로 고르는 것도 가능합니다.

반면에 보험을 은행에서 판매한다는 구조적 문제가 있습니다. 방카슈랑스는 기본적으로 보험이기 때문에 은행 담당직원이 모든 방카슈랑스 분야에 전문가라고 볼 수는 없습니다. 아무리 교육을 받는다 하더라도 은행 상품과 보험 상품은 별개이므로, 전문성이 떨어질 수밖에 없습니다. 또한 은행에서 보험 상담시간은 넉넉한 편이 아니기 때문에, 충분한 설명을 듣지 못하는 경우도 있습니다. 이러한 이유로 본인의 경제적 여건을 고려하지 않은 터무니 없는 금액으로 가입하거나, 조기해지 시에도 원금이 보장된다는 잘못된 설명을 듣고 가입하는 분들이 50% 이상입니다. 따라서 창구에서의 짧은 설명만 듣고 가입하기 보다는, 미리 정보를 알아가서 비교하는 편이 좋습니다. 게다가 가입 후에는 관리자 없이 스스로 챙겨야 한다는 단점도 있습니다.

보험은 같은 상품이라도 어떤 목적으로 가입하고 어떻게 상품의 기능을 활용하느냐에 따라 득이 될 수도 해가 될 수도 있습니다. 따라서 방카슈랑스는 섣부르게 가입하기보다는 전문가에게 꼼꼼히 알아보거나 본인이 직접 알아 본 후 가입하길 권장합니다.

방카슈랑스 알아보는 법

그렇다면 내가 가입한 상품이 방카슈랑스인지 어떻게 알아볼 수 있을까요? '보험증권', '가입설계서', '청약서', '약관'을 받거나 상품명에 '보험'이 들어가면 확실합니다. 또 장기저축이나 연금이라는 설명과 '몇 년 납, 몇 년 만기'라는 표현이 포함됩니다. 은행 인터넷/모바일뱅킹에서 조회가 안 되는 경우 역시 방카슈랑스입니다.

만기 때마다
내기 아까운 이자소득세,
줄일 방법이 없을까?

부자들은 '세테크'에 집중합니다. 납부하는 세금이 많기 때문에 세금을 줄이는 것만으로도 재테크 효과를 누리는 것이죠. 물론 일반 직장인은 부자들에 비해 비교적 적은 세금을 내지만, 금융상품에 가입할 때 세제 혜택을 확인하는 건 필수 코스입니다. 이번 챕터에서는 이자에 붙는 세금을 줄일 방법을 알아봅니다.

이자마다 빠지지 않고 붙는 세금, 전격 해부

세금 혜택을 받는 상품을 보기 전에 세금부터 짚고 넘어가는 게 좋겠죠? 금융상품에 붙는 이자나 수익에는 항상 세금이 붙습니다. 과세 기준은 다음 표와 같이 3가지로 나눌 수 있는데, 실질적으로 은행권에서 세금 혜택을 받을 수 있는 길은 거의 없습니다. 비과세종합저축이 있긴 하지만, 가입 대상이 제한적이라 실제 혜택을 누리는 사람이 거의 없습니다. 세수가 부족한 탓인지 서민들이 혜택 받을 수 있는 세금우대 항목이 점차 사라지는 거죠. 조심스럽게 향후 예측을 해본다면, 저율과세 혹은 비과세가 아예 사라지거나 일반과세 세율이 15.4%보다 높아질 가능성이 큽니다.

일반과세	15.4%	이자소득세 14% + 지방소득세 1.4%
저율과세	1.4%	지방소득세 1.4%
비과세	0%	

*세금우대(9.5%)는 2015년도 폐지

나는 조합원이다! 출자금통장과 조합원예탁금

그래서 제1금융권은 아니지만, 비교적 안정적이고 추가 혜택까지 받을 수 있는 협동조합의 조합원이 되는 방법을 추천합니다. 신협/ 단위 농협/수협/새마을금고에서 가입 가능하고, 다음 두 가지 장점 을 꼽을 수 있습니다.

1. 출자금통장 : 1000만 원까지 비과세혜택을

내 돈으로 해당 지점에 출자(투자)하는 방식입니다. 새마을금고로 예를 들어보자면, 전국 새마을금고 연합이 아닌 가입하는 '새마을 금고 ○○지점'에 출자하는 겁니다. 여기에는 '이 지점과 지속적으 로 거래를 하겠습니다'라는 의사도 포함되어 있습니다. 즉, '회원통 장'인 셈이죠. 출자금 통장에는 최소 만 원부터 최대 1000만 원까 지 넣을 수 있는데, 지점마다 최소 금액 조건이 조금씩 다릅니다.

또 다른 특이사항으로는, 출자금 통장에는 이자가 아니라 '배 당'이 붙는다는 점입니다. 해당 지점에 투자했기 때문에 그에 따른 수익을 분배해 주는 개념입니다. 일반적으로 1년에 한 번씩, 매년 1~2월에 직전 연도 영업수익에 따라 지급됩니다. 정해진 금리에 따라 붙는 게 아니므로 지점에 따라 배당률이 다르지만, 보통 1~4% 수준으로 예상하면 됩니다. 넣어둔 돈 1000만 원에 10만 원이, 많게는 40만 원이 나올 수도 있다는 뜻이죠. 안정적인 저축이라기보다 투자의 개념으로 생각해야 합니다. 또 예금자보호가 되지 않으니, 최악의 경우 해당 지점이 파산하거나 해산한다면 원금을 돌려받지 못할 수도 있습니다.

또한 출자금통장은 일반 입출금 통장이 아니기 때문에 조합 이사회의 승인을 받아야 해지 절차가 완료됩니다. 따라서 해지 후 돈을 받기까지 약간의 시일이 소요된다는 점을 기억하세요. 그리고 각 지점은 독립된 법인이므로 해당 지점이 아닌 다른 지점에서는 출금할 수 없습니다. 참고로 출자금통장을 해지하더라도 수시입출금 계좌는 사용 가능합니다. 단지 조합원예탁금의 세금 혜택이 적용되지 않겠죠?

2. 조합원예탁금: 모든 조합원에게 3000만 원까지 저율과세

출자금통장을 만들었다면 해당 지점의 조합원이 되었다는 뜻입니다. 조합원이 적금 및 예금 상품에 가입할 경우, 1인당 최대 3000만 원까지 1.4%의 세금만 냅니다. 물론 이때는 배당 수익이 아닌 이자가 붙는 것이므로, 예금자보호법이 적용됩니다. 시중은행의 비과세종합저축 및 재형저축 상품과도 비슷하지만, 까다로운 제한 없이 누구나 가입 가능하다는 점에서 활용폭이 넓습니다.

우리가 받는 세금 혜택이 줄어든다는 건, 우리가 내는 세금이 많아진다는 뜻입니다. 사실상 제1금융권에서는 세금 혜택 보기가 정말 쉽지 않습니다. 위에서 소개한 제도를 이용해서 조금이라도 세금을 덜 내는 것도 훌륭한 재테크라고 할 수 있습니다. 나도 모르게 더 내고 있는 세금, 이제부터라도 잡아 봅시다.

NH농협과 단위농협은 다르다?

조금이라도 이자소득세를 덜 내기 위해 출자금통장을 개설하기로 마음먹은 A군. 그래서 집 근처 농협을 찾았습니다. 그런데 이곳에서는 출자금통장을 만들 수가 없다는 답변이 돌아왔습니다. 농협 역시 농업협동조합인데 왜 안 된다는 걸까요? 바로 두 농협은 다른 기관이기 때문입니다. 각기 보유한 상품의 금리도 다르니, 가입 전에 꼼꼼히 확인하세요. 간판명을 확인하면 되니, 두 기관은 구분하기 어렵지 않습니다. ○○농협이라고 지역명이 적혀 있으면 단위농협입니다.

1. NH농협은행

농협중앙회에서 운영하는 제1금융권. 예금보험공사로부터 예금자보호를 받습니다.

2. 지역농협

해당 지역에서 자체적으로 운영하는 제2금융권. 농협중앙회 자체기금으로 예금자보호를 받습니다.

12

만능통장 ISA는
어떻게 쓰는 건가요?

언제나 신상은 설레고 설렙니다. 2016년 출시된 신상품, 만능통장이라 불리는 화제의

주인공 ISA! 과연 어떤 혜택을 가져다줄까요?

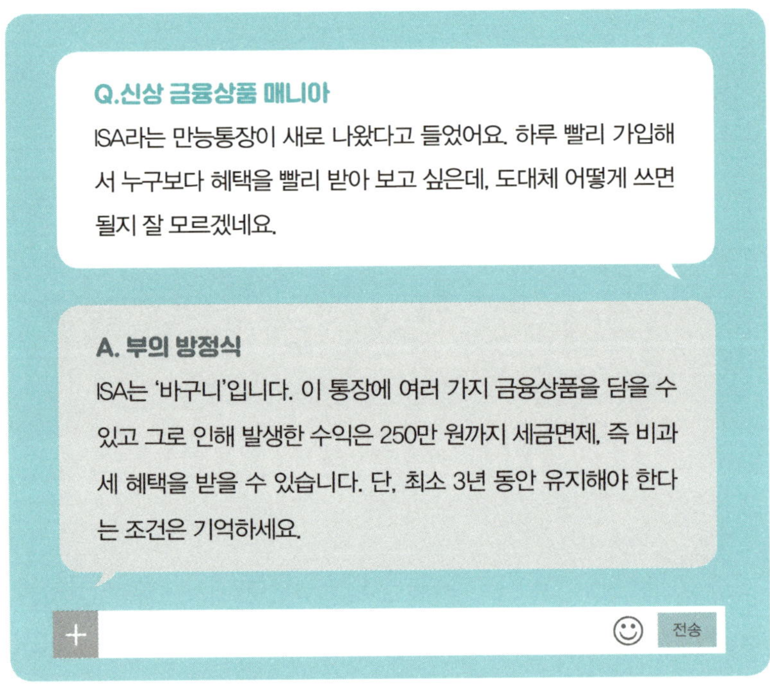

신상은 언제나 옳다? ISA 뜯어 보기

개인종합자산관리계좌(ISA, Individual Wealth Account)는 따끈따끈한 신상 금융상품이지만, 새로 나왔다고 해서 무턱대고 가입하기보다는 내게 필요한지, 적합한 상품인지 먼저 알아봐야 하겠죠?

쉽게 말하자면, ISA는 '금융 장바구니'라고 보면 됩니다. 내 입맛에 맞는 금융상품을 ISA에 담고, 그로 인해 수익이 발생했다면 세금(15.4%)을 면제해 줍니다. 이 사실만으로도 군침이 도는 상품이죠? 하지만 완벽한 사람은 없듯이 완벽한 금융상품도 없습니다. 바로 의무적으로 3년 이상 가입해야 한다는 점과 중도인출 불가능, 게다가 일정 부분의 수수료까지 떼가는 것이 ISA의 단점입니다.

가입	은행, 증권, 보험사 모두 가능
대상	근로소득자/사업소득자/농어민
목적	목돈마련, 세금혜택
방법	ISA에 여러 종류의 금융상품을 담아 하나로 관리
결과	수익 250만 원까지 비과세 혜택(소득 5000만 원 이상은 200만 원까지)
단점	① 의무가입기간 3년(연소득 5000만 원 이상은 5년), 중도인출 불가능 ② 일정 부분의 수수료

ISA 활용법

어느 정도 ISA를 파악했다면, 이제 어떻게 활용해야 혜택을 최대로 누릴 수 있을지 알아봅시다.

1. 29세 이하 혹은 연봉 5000만 원 이하라면 가입!

의무 가입 기간이 3년으로, 그리 오랜 기간 자금이 묶이는 것이 아니기 때문에 목적자금(결혼자금 및 주택자금)으로 쓰기에 딱 알맞습니다.

▶ 3년 혹은 5년을 채울 자신이 없다면, 소액만 ISA에 넣어 놓고 의무 가입 기간이 얼마 남지 않았을 때 한꺼번에 목돈을 투입하면 됩니다.

2. ISA 계좌 개설 고객 유치를 위한 '특판'을 노려라!

사람들의 주목도가 높은 새로운 상품이 나오면, 은행에서 고객을 잡기 위한 고금리의 '특판 예·적금' 상품을 내 놓기도 합니다. 예·

적금을 가입할 생각이 있다면 한시적 특별 판매 상품을 노립시다.

3. 투자상품을 적절히 섞어 보자

흔치않은 비과세 혜택을 최대한 활용하기 위해서는 투자를 통해 수익을 극대화시키는 것이 좋습니다. 수익이 크면 그만큼 절세효과도 높아지니, 단순 예·적금만 이용하는 것보다 유리합니다.

ISA는 유일하게 손익통산 계산법이 적용됩니다. 예를 들어 A펀드에서 40만 원 수익, B펀드에서 40만 원 손실, C펀드에서 10만 원 수익을 냈다고 가정해 봅시다. 일반 투자라면 3군데 투자처에서 올린 총 수익 50만 원(40만 원+10만 원)에 대해 세금을 내지만, ISA는 수익과 손실을 합산한 총 손익 10만 원(40만 원-40만 원+10만 원)에 대해서만 세금을 매깁니다. 따라서 위험도는 있지만 수익률이 높은 투자상품을 담아 두기에 제격입니다.

4. ISA에 무엇을 담으면 좋을까

안정적으로 투자하고 싶다면 예·적금, 그보다는 약간 높은 수익을 추구한다면 국내 채권형 펀드, 공격적인 투자와 절세 혜택을 가장 크게

▶ ISA 가입 전 수수료를 꼼꼼히 파악하자! 투자수익이 적다면 비과세 혜택보다 수수료가 클 수 있다

누리고 싶다면 ELS가 좋습니다. 추구하는 투자 성향에 맞춰 이 3가지 상품들을 적절히 조합해서 ISA에 담는 게 바람직합니다.

기존에 가입해 둔 재형저축, 어떻게 활용할까?

그동안 많은 인기를 얻었던 재형저축은 2015년으로 종료됩니다. 4% 대의 높은 금리와 자율과세 혜택으로 인기가 높았던 재형저축에 이미 가입해 두었다면 ISA만큼 효율적으로 활용할 수 있습니다. 어떤 방법이 있을까요?

연소득 5000만 원 이하인 직장인 A씨는 4년 뒤 결혼을 계획하고 있습니다. 결혼자금으로는 3000만 원을 예상하고, 매달 저축할 수 있는 금액은 100만 원입니다. 이때는 다음 두 가지 활용법을 고려할 수 있습니다.

1. 7년 저율과세 혜택을 받고 싶다면?

1) 결혼자금: 적금 월 70만 원(4년 원금 3360만 원)

2) 목돈 마련: 재형저축 월 30만 원(4년 원금 1440만 원), 3년 더 유지해서 7년 만기 채우기

☞ 결혼자금이나 주택자금 등의 목돈 지출이 예상되므로 7년짜리 재형저축에 '올인'해서는 안 됩니다. 우선 예상 지출을 산출하고, 그 밖의 자금은 소액으로 재형저축에 넣습니다. 결혼자금은 단기 적금이나 펀드를 이용합니다.

2. 단기적(3~4년)으로 높은 금리 혜택을 얻고 싶다면?

1) 결혼자금: 재형저축 월 70만 원(4년 원금 3360만 원)

2) 목돈 마련: 적금 월 30만 원(1년 단기 적금으로 목돈 만든 후, 기타 금융상품 가입)

☞ 재형저축 혼합형으로 가입해 두었다면 3년만 유지해도 금리 혜택을 받을 수 있습니다. 이자소득세(15.4%)는 내지만, 4% 금리를 적용 받으므로 일반 시중은행 적금보다 효과적입니다.

PART 3

부자는
증권사와 친하다

증권사, 한 번도 안 가봐서 두렵다고요?

진짜 부자가 되기 위해서는 증권사와 친하게 지내는

연습이 필요하다는 사실, 알고 계셨나요?

증권사는 알려주지 않는 친절한 금융상품 A to Z

주식 투자를 할 수 있을까요?

주식을 어떻게 사고파나요?

주식보다 안전하다는 채권, 정말일까?

채권 투자, 나도 할 수 있을까?

요즘 가장 핫한 금융상품 ELS, 믿고 해도 되나?

직장인의 필수품, CMA?

소액투자의 시작 '펀드', 어디서부터 시작할까?

적립식과 거치식, 내게 맞는 펀드 투자 방식은 어느 쪽?

펀드에 관련된 각종 수수료, 왜 이렇게 많나요?

돈이 없어도 주식 투자를 할 수 있을까요?

주식을 어떻게 사고파나요?

주식보다 안전하다는 채권, 정말일까?

채권 투자, 나도 할 수 있을까?

요즘 가장 핫한 금융상품 ELS, 믿고 해도 되나?

13

직장인의 필수품, CMA?

직장인이라면 한 번쯤 들어 봤을 CMA! 직장인의 필수템(?), 프리랜서나 자영업자에게는 기본템(?)이라고, 이거 없으면 사회인 아니라는데 도대체 뭘까요. 백날 검색해도 알쏭달쏭한 CMA 파헤쳐 봅시다.

하나쯤 있어야 한다는 '잇 아이템', CMA

증권사의 종합자산관리계좌 CMA(Cash Management Account)는 은행이 아닌 증권사 상품입니다. 기본적으로 증권사에서 거래를 시작할 때 쓰는 계좌입니다. 주식거래, 펀드 투자할 때도 필요한 '증권사 만능통장'이라 할 수 있지요. 그러니 CMA는 은행에서 아무리 만들어 달라고 해도 발급해 주지 않아요!

CMA계좌 = 수시입출금 + 인터넷뱅킹 + 스마트뱅킹 + 체크카드

CMA는 이 모든 기능을 모두 갖추고 있으니 은행의 수시입출금 통장처럼 써도 된다는 뜻입니다. 수시입출금통장과 차별화한 장점이 없다면 굳이 고객들이 증권사까지 찾아가지 않겠죠? 그래서 '매일매일 이자를 준다'는 혜택이 더욱 빛나 보이는 겁니다. 정말 그런지 다음 계좌 내역으로 확인해 보겠습니다.

거래일시	내용	잔액
2015/01/06	입금	10,000,000
2015/01/07	예금상환	10,000,472
2015/01/08	예금상환	10,000,944
2015/01/09	예금상환	10,001,416
2015/01/12	예금상환	10,002,793

1월 6일 화요일, 정확히 1000만 원을 입금했습니다. 이제 이 돈이 어떻게 불어나는지 잔액을 비교해 봅시다.

1월 6일 1000만 원, 1월 7일 1000만472원. 하루 만에 472원의 이자가 붙었네요. 그다음 날에도 과연 이자가 붙을까요? 1월 8일 1000만944원, 1월 9일 1000만1416원. 역시 마찬가지로 472원의 이자가 매일 붙었네요. 그럼 주말에는 어떻게 될까요? 1월 12일 월요일 잔액은 1000만2793원입니다. 건너 뛴 주말 이자까지 월요일에 합산되는 걸 확인할 수 있습니다.

이런 식으로 당장 활용하지 않는 비상금을 일반 통장에 두는 것보다는 조금씩이라도 이자가 붙으면 뿌듯하겠죠? 지금은 금리가 많이 떨어져서 아쉽지만 그래도 수시입출금통장보단 훨씬 많이 받는다는 걸 기억하세요. 수시입출금통장의 이자가 몇십 원 단위로 들어오는 것과 비교하면 감지덕지죠.

CMA, 골라 가입하는 재미가 있다!

CMA는 크게 원금보장형/MMF형/MMW형/RP형 이렇게 4가지로 나눠집니다. 그중에서 사람들이 가장 많이 선호하는 원금보장형과 증권사에서 가장 많이 취급하는 RP형 두 가지에 집중하겠습니다.

1. 원금보장형

5000만 원까지 예금자보호를 받는 CMA는 메리츠종금과 유안타 증권에서 가입할 수 있습니다. CMA 자체가 단기 안전 자산에만 투자하기 때문에 원금손실 가능성이 제로에 가깝지만, 이중으로 안전을 보장한다는 점에서 많은 분이 선호합니다.

2. RP형

CMA 계좌 가운데 가장 많은 비중을 차지하는 RP형은 '환매조건부 채권', 즉 일정 기간이 지난 후 확정금리를 보태 되사는 조건으로 발행하는 채권에 투자하는 방식입니다. 국공채, A등급 이상 우량회사채에 주로 투자하므로, 예금자보호는 되지 않지만 안정성 측면에서는 안심하셔도 됩니다. 하루만 맡겨도 발생한 이자를 제공하고, 원금과 이자를 더한 금액은 30일마다 재투자되는 방식으로 운용됩니다.

일반 증권사에서는 RP형이나 MMW형 두 가지를 주로 추천하는데, 주식거래를 염두에 두고 있다면 동일 계좌에서 바로 주식 매수가 가능한 RP형이 유리합니다. 펀드에 가입할 예정이라면, 둘 다 상관없습니다. 비상금통장으로 쓰려면 금리가 높은 쪽으로 하세요. 한 번 고르면 끝이냐고요? 그렇지 않습니다. 처음에 RP형으로 선택했다가 MMW형으로 바꿀 수도 있고, 그 반대도 가능합니다. 증권사 가서 신청하면 바로 변경해 줍니다.

자, 이제 CMA종류는 어느 것이든 크게 상관없다는 건 아셨죠? 처음에 질문자에게 답변했던 것처럼, 가장 중요한 혜택은 바로 수수료 면제입니다. 비상금 성격이 강한 통장이기 때문에, 언제 출금이나 이체를 할지 모르기 때문이죠. 이체할 때마다 수수료가 나간다면 받는 이자보다 수수료를 더 내는, 배보다 배꼽이 더 큰 상황이 생길 수도 있습니다. 사실 제일 아까운 돈이 출금수수료, 이체수수료 아닌가요? 그래서 CMA 만들 땐 수수료 면제 조건을 꼭 살펴보길 권장합니다. 그러면 가까운 증권사를 찾아가 CMA계좌를 개설해서 잠자는 내 돈에 이자를 붙여 봅시다!

14

소액투자의 시작 '펀드', 어디서부터 시작할까?

'투자'하면 가장 대표적으로 떠오르는 게 펀드지요? 사실 일반 사람들이 알고 있는 투자 상품으로는 주식과 펀드가 대부분입니다. 하지만 막상 주식은 개인이 직접 매매하기에는 까다롭기 때문에 일반적으로 펀드를 많이 합니다. 그런데 도대체 펀드란 정확히 뭔가요?

요즘 대세, 펀드가 뭔가요?

여기저기서 이야기하는 펀드! 경제신문이며 경제뉴스에서 가장 쉽게 접하는 투자 상품이지만 펀드가 왜 좋은지, 왜 하는지 설명할 수 있는 분은 많지 않을 겁니다.

펀드란 '공동체'의 특성을 가진 대표적인 금융상품입니다. 펀드는 나 혼자 투자하는 것이 아닌, 해당 상품에 가입한 다른 투자자와 공동으로 투자하며 운용됩니다. 금액은 다르지만 여러 사람이 출자한 기금을 전문가가 투자하고, 그 수익을 개인에게 배분하는 방식입니다. 말 그대로 공동체 정신에 입각한 금융 상품이지요. 개인이 직접 투자하는 어려움을 보완해 준다는 측면에서 '가장 손쉬운 투자 상품'으로 꼽히는 이유입니다. 은행, 증권사, 보험사 등 가입 루트가 다양하여 접하기 쉽다는 점도 있습니다.

알아보자, 펀드를 하는 이유!

펀드는 직장인을 위한 투자상품 1순위로 꼽힙니다. 그 이유는 무엇일까요?

1. 만 원으로 시작하는 소액 투자

일부 펀드를 제외하면 단 1만 원만 있어도 투자할 수 있습니다. 일정 금액을 정해진 기간에 매달 납입하는 방식이 일반적이며, 보너스나 목돈이 생겼을 때는 추가 투자도 가능합니다. 주로 큰돈이 오가는 주식 거래에 비해 훨씬 적은 금액으로 시작할 수 있습니다.

2. 위험도를 낮추는 분산투자

펀드는 소액을 모아 큰 자금으로 만들어 투자하므로, 값비싼 우량주나 채권에도 분산투자가 가능합니다. 1주가 100만 원이 넘는 주식을 개인이 구매하기는 쉽지 않지만, 펀드는 최소 몇십억 원 단위로 운용되므로 어렵지 않습니다.

3. 전문가를 통한 간접투자

펀드 기금을 투자할 때는 경험과 지식이 풍부한 전문가들이 체계적으로 관리하므로, 직접 투자에 비해 상대적으로 위험이 낮아집니다. 개인이 일일이 알아보지 못하는 정보 수집과 투자를 펀드운용사와 펀드매니저가 대신해 준다고 보면 됩니다.

4. 일정한 투자 기간

펀드는 1년 단위로 만기가 정해진 상품이 대부분입니다. 이처럼 만기가 설정되어 있어, 계획적인 투자가 가능합니다. 개인이 주식을 수시로 사고파는 유혹에 빠지는 것과 대비해, 펀드는 1년 또는 2년씩 기간을 정해 놓고 목적에 맞게 투자를 유지하기 쉬운 것이죠.

펀드는 주식과 어떤 점이 다를까?

주식은 종목투자입니다. 삼성전자, LG디스플레이, 현대자동차, 아모레퍼시픽 등 개별기업에 투자합니다. 하지만 펀드는 지역/테마 등의 다양한 카테고리로 나뉩니다. 지역별로는 아시아, 유럽, 미국, 중국 등 글로벌 국가별로 나누어지고, 테마별로는 바이오, 부동산, 중소기업 등 투자대상에 따라 나누어집니다. 조금만 검색해 보면 알겠지만, 정말 다양한 종류의 펀드가 있으니 관심 있는 분야를 골라보세요. 펀드의 대략적인 내용은 이름만 보고도 알 수 있습니다.

예를 들어 볼까요? '프랭클린 미국 바이오 헬스케어 펀드'라는 실제 펀드가 있습니다. 이름을 따져서 아래처럼 해석하면 됩니다.

프랭클린　미국　바이오 헬스케어　투자신탁[주식-재간접형]　Class C

자산운용사　투자지역　투자테마　주식형펀드 (고위험)　수수료체계

신영　밸류 고배당　증권투자신탁[주식]　Class A

자산운용사　투자테마　주식형펀드 (고위험)　수수료체계

IBK　그랑프리 국공채　증권자투자신탁[채권]　Class S

자산운용사　투자테마　채권형펀드(저위험)　수수료체계

펀드 초보를 위한 FAQ 코너

Q. 중간에 해지하거나 출금할 수 있나요?

A. 언제든지 펀드 일부나 전부를 출금할 수 있습니다. 따라서 이익이 발생하면 일부를 인출해서 안전한 자산으로 옮길 수 있고, 더 좋은 투자 수단으로 옮겨 가기도 쉽습니다. 단, 환매 신청 후 대금 지급일이 펀드별로 정해져 있으며 환매수수료가 자동으로 공제됩니다.

Q. 펀드로도 절세효과를 누릴 수 있나요?

A. 주식에 주로 투자하는 주식형 펀드의 경우, 주식 매매 차익(주식을 팔아서 얻은 수익)에 비과세 적용이 되어 실질적인 세금 부담이 줄어듭니다. 하지만 주식 매매 차익이 아닌 배당 수익, 채권 수익에는 일반 과세(수익의 15.4% 세금부과)가 되니, 가입 상품에 따라 다르다는 점은 기억하세요.

15

적립식과 거치식,
내게 맞는 펀드 투자 방식은
어느 쪽?

펀드 투자에는 적립식과 거치식 2가지 투자 방식이 있습니다. 은행의 적금, 예금 상품과 각각 비슷한 방식이에요. 비슷한 것 같으면서도 다른 투자 방식, 당신의 투자 성향에 맞는 방식을 알려 드립니다.

이번에 적금이 만기가 돼서 1000만 원가량 돈이 생겼습니다. 정기예금에 넣으려고 보니 금리가 너무 낮아서, 이걸 펀드에 투자해 보려고 합니다. 처음이라 잘 모르기도 하고, 1000만 원을 한꺼번에 넣는 게 좋을지 아니면 나눠서 넣는 게 나을지 고민됩니다.

A. 부의 방정식

우선 적금 만기를 축하드려요~^^ 펀드는 기본적으로 적립식 펀드와 거치식 펀드로 나눠집니다. 적립식은 매달 일정금액을 넣는 방식, 거치식 펀드는 한 번에 목돈을 넣어두는 방식입니다. 적립식은 안전지향형, 거치식은 수익추구형입니다. 우선 본인의 투자 성향을 파악하시고 그에 맞게 고르시면 됩니다.

전송

왕초보를 위한 장단점 파헤치기, 적립식 vs 거치식

펀드와 관련해 가장 많이 들어 보셨을 법한 단어가 아마도 '적립식 펀드'일 겁니다. 특히 2000년대에 크게 유행하면서 언론에도 많이 오르내렸죠.

적립식펀드는 매달 일정 금액을 납입하는 방식으로, 쉽게 말하면 은행의 적금과 비슷합니다. 반대로 거치식 펀드는 은행의 정기예금과 비슷하다고 보면 되겠죠? 한 번에 목돈을 넣어두고 그대로 굴리는 방식입니다. 은행 상품 가운데 적금과 예금이 가장 기본적인 것처럼, 펀드에서는 적립식 펀드와 거치식 펀드가 가장 기본적인 납입 방법입니다. 그중에서도 특히 적립식 펀드는 투자자들에게 인기가 높은 단골 투자 상품입니다.

사람들이 적립식 펀드를 선호하는 이유는 무엇일까요? 매달 월급을 받을 때마다 정해진 금액을 꾸준히 투자할 수 있기 때문입니다.(소액투자) 게다가 은행과 증권사에서도 거치식 펀드에 비해 안전한 적립식 납입을 많이 추천합니다.(안전성)

자, 그럼 적립식펀드가 왜 안전한지 알아봅시다. 금값이 2000원에서 1000원으로 가격이 떨어진 상태에서 A씨와 B씨는 각각 1

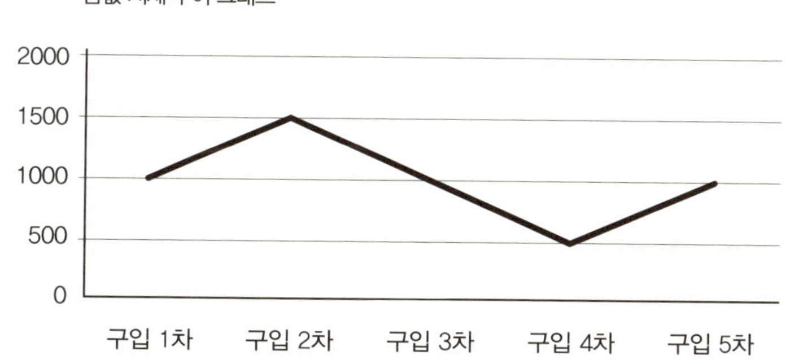

	1차	2차	3차	4차	5차	총 구입 개수
적립식(B)	2	1.3	2	4	2	11.3
거치식(A)	10	–	–	–	–	10

만 원을 가지고 금에 투자하기로 했습니다. A씨가 선택한 거치식 펀드, 즉 한꺼번에 목돈을 투자하는 경우는 이렇습니다. '금값이 2000원에서 1000원으로 떨어졌네? 반 토막 났는데 설마 더 떨어지겠어?'라는 생각에 1000원인 시점에 전부 구입합니다. A씨는 이렇게 만 원으로 금을 10개 샀습니다. B씨가 선택한 적립식 펀드, 소액으로 조금씩 투자하는 경우는 이렇습니다. 금값이 어떻게 될지 모르니까 2000원어치씩 다섯 번에 나눠서 사기로 합니다. 그런데 금값이 앞 그래프와 같이 변동했습니다. 마지막엔 시작과 똑같이 1000원으로 끝났죠. 두 번째 방식을 선택한 B씨는 각 시점마다 2000원어치씩, 5번에 걸쳐 총 11.3개를 구입했습니다. A씨 방식으로는 10개, B씨 방식으로는 11.3개이므로, 나눠서 투자하는 편이 더 많은 금을 사들이게 됩니다. 같은 만 원을 투자했는데 단순히 적립식, 거치식으로 투자한 방식만으로도 이렇게 차이가 납니다.

적립식 펀드의 핵심은 가격이 올라갔을 때 적게 사고, 내려갔을 때 많이 사는 겁니다. 투자는 항상 변동이 있어서 등락이 생깁니다. 만약 가격이 떨어졌을 때 돈을 투입하면 같은 돈으로 더 많이 살 수 있으니 나중에 가격이 올라갔을 때 이득이 됩니다. 따라서 매달 꾸준히 투자하는 적립식펀드가 안전하다는 뜻입니다.

이것을 전문용어로는 평균매입단가효과 즉, '코스트 에버리지 효과(Cost Average Effect)'라고 부릅니다. 투자에서 아주 중요한 이론으로, 적립식 펀드가 코스트 에버리지 효과가 극명하게 잘 나타나는 경우입니다. 쉽게 말하면 평균 얼마에 샀는지를 보는 것입니다. A씨는 1만 원 으로 10개 샀으니 개당 1000원에 산 셈이고, B씨는 1만 원으로 11.3개 샀으니 개당 885원에 산 것처럼요.

자, 그럼 거치식 펀드는 단점만 있을까요? 당연히 장점도 있습니다. 안전을 우선하는 적립식 펀드에 비해, 거치식 펀드는 주가가 상승하는 시점에 투자한다면 많은 수익을 올릴 수 있습니다.

1000원으로 떨어졌던 금값이 2000원으로 쭉 올랐다고 가정해 봅시다. 그러면 A씨는 1000원일 때 10개를 사서 2000원일 때 되팔아 1만 원의 수익을 얻었습니다. 5번에 나눠서 구입한 B씨는 평균 구입가가 1500원이므로 2000원일 때 되팔아 5000원 수익을 냈습니다. 이처럼 주가 상승기에는 거치식 펀드가 훨씬 높은 수익을 올립니다.

펀드 종류보다 중요한 나의 투자 성향 파악하기

적립식 펀드를 할지 거치식 펀드를 할지 결정할 때는 돈의 규모보다 더 중요한 게 있습니다. 바로 나의 투자 성향입니다. 앞으로 주가가 확실히 오른다는 보장이 있거나 안전성보다 수익을 추구한다면 수익성이 높은 거치식 펀드가 유리합니다. 오를지 안 오를지 확신이 부족하거나 수익보다 안전성이 더 중요하다면 적립식 펀드를 선택하는 게 정답입니다.

적립식 펀드와 거치식 펀드는 증권사 마케팅의 산물

펀드는 영국에서 탄생하고 미국에서 큰 인기를 끌면서 점차 전 세계로 퍼져나간 금융 상품입니다. 일찍부터 금융 자산 및 개인 투자를 시작한 서구 사람들은 자유롭게 펀드를 시작했습니다. 즉, 자유납 방식으로 돈이 있으면 내고 없으면 건너뛰는 식으로 말이죠.

그런데 우리나라 사람들은 적금을 좋아하지요? 매달 고정적으로 얼마씩 자동이체로 빠져나가는 데 익숙해진 사람들을 위해, 증권사는 '적금 같은 펀드'를 만들 필요가 있었습니다. 그래서 탄생한 게 적립식 펀드입니다. 매달 적금처럼 돈이 빠져나가서 자동으로 투자가 되도록! 펀드 자체가 자유납인 건 설명하기도 애매하고, 그 사실을 알면 돈이 부족하거나 없을 땐 납입을 미루거나 넘겨 버리지 않을까요?

당연히 자금이 많이 몰려야 유리한 증권사 입장에서는 자유납 방식을 설명할 필요가 없었습니다. 물론 적립식펀드가 평균매입단가효과를 누리기 좋기 때문에 추천하는 이유도 있겠지만요.

결론을 말하자면, 적립식 펀드와 거치식 펀드라는 개념은 굳이 따질 필요가 없다는 것입니다. 적립식 펀드를 처음에 100만 원 넣고 시작했다가 더 이상 안 넣으면 그게 거치식이 되는 것이고, 거치식으로 한 번에 돈을 맡겼다가도 이후에 꾸준히 자발적으로 납입하면 적립식이 되는 것입니다. 또한, 5만 원을 매달 넣기로 했다가도 어느 날은 '추가매수'라는 기능을 통하여 100만 원을 넣기도 하는 등 자유로운 투자가 가능합니다.

16

펀드에 관련된 각종 수수료, 왜 이렇게 많나요?

가장 아까운 돈 1위 세금, 2위 수수료……. 세금을 줄이는 건 세(稅)테크, 그렇다면 두 번째로 아까운 수수료도 줄이는 방법, 수테크(?)도 찾아 봅시다.

푼돈이라고 무시하면 큰 코 다치는 펀드 수수료

직장에 다니는 월급쟁이에게 절대적으로 부족한 건 바로 시간! 펀드 가입자가 본업에 충실할 수 있도록, 펀드매니저라는 전문가가 알아서 투자를 대행해 줍니다. 그에 따른 보수를 지급해야 하는데, 바로 그게 수수료라는 명목으로 빠져나가는 것입니다. 펀드에 가입하려고 보니 여러 가지 수수료가 참 많죠? 푼돈이지만 야금야금 빠져나가다 보면, 그것도 만만치 않아요. 자, 그럼 수수료가 어떻게, 왜 나가는 건지부터 알아봅시다.

　　펀드 수수료는 나 대신 고생해서 수익을 올려주는 이들을 위한 보수라고 생각하시면 됩니다. 다음은 가장 흔하게 쓰이는 단어들이니 가입 전에 꼼꼼하게 살펴 보세요.

운용보수	내가 가진 펀드를 운용하는 자산운용사에 주는 비용 (약 연 0.5~0.8%)
판매보수	펀드를 판매하는 판매회사에 주는 비용 (약 연 1~1.8%)
수탁보수	펀드의 돈을 보관하고 관리하는 대가로 주는 비용 (약 연 0.05%)
기타보수	기타 비용

*펀드를 만들고 운용하는 건 자산운용사
*펀드를 판매하는 건 증권사나 은행

선취판매수수료	가입할 때 지급하는 돈
후취판매수수료	펀드를 판매하는 판매회사에 주는 비용 (약 연 1~1.8%)

　　이렇게 펀드 수수료는 운용보수, 판매보수, 수탁보수, 기타보수 그리고 선/후취판매수수료로 구성됩니다. 몇 퍼센트 안 되어 보이는 펀드의 보수 및 수수료는 장기로 가면 갈수록 엄청난 수익의 차이를 불러옵니다. 투자는 복리로 굴러가기 때문에 사소한 1~2% 차이가 10년, 20년 흘러가면 1000만 원 이상으로 벌어질 수도 있다는 이야기입니다. 기왕 같은 펀드라면 수수료(총 보수)가 저렴한 펀드를 고르는 게 당연히 유리하겠죠? 정해진 표준사이즈에 맞춰서 나오는 기성복보다는 내 몸에 딱 맞는 치수에 맞춘 맞춤정장이

좋듯이, 금융상품도 마찬가지입니다. 펀드에 가입한다면 피할 수 없는 수수료. 나에게 맞는 수수료 구조를 찾는 것도 똑똑한 재테크 방법입니다.

같은 펀드라고 해도 수수료 체계가 여러 가지로 나눠져 있습니다. 펀드 이름 마지막을 보시면 Class A~W까지 다양한 유형으로 분류되어 있습니다. 바로 이 알파벳이 수수료 체계를 알려 줍니다. 자세한 내용은 다음 표를 참조하세요.

Class A	가입 시 선취판매수수료 지불
Class B	일정기간 내 환매(판매)시 후취판매수수료 지불
Class C	선/후취 판매수수료가 없다. 하지만 총 보수가 높다.
Class D	선/후취 모두 낸다.
Class E	인터넷 전용 펀드
Class F	전문 투자자 펀드
Class I	법인/고액고객 전용 펀드
Class S	펀드슈퍼마켓 전용 펀드

예 : 프랭클린 뉴셀렉션 포커스 증권자 투자신탁 Class A
하나 USB 엄브렐러뉴인덱스 증권투자신탁 K-1 Class C

펀드 수수료는 먼저 내는 게 유리할까, 나중에 내는 게 유리할까

국내에서 가입할 때는 Class A(선취판매수수료)와 C(총 보수)가 가장 일반적입니다. 그럼 Class A와 C 중에서 어느 쪽이 유리한지 알아

봅시다.

　보통 주식형 펀드 Class A의 경우는 선취 수수료 1%, 보수 1.5%로 총 2.5% 수준입니다. Class C의 경우 선/후취 수수료가 없는 대신 총 보수가 2.5% 수준으로 책정됩니다. 이렇게 보면 양쪽 모두 총 2.5%인데 수수료도 같지 않을까요?

　그렇지 않습니다. 보수는 전체 금액을 기준으로 책정되는 것이고, 선취수수료는 가입 시 납부하기 때문이지요. 따라서 단기(1년 반 미만)로 가입할 때는 당연히 Class C가 더 유리하고, 장기(1년 반 이상)로 가입할 때는 Class A가 유리합니다. 가입일이 오래될수록 투자 금액이 커지고 수수료도 많이 납부하게 마련이므로, 펀드 가입 전에 총 보수가 얼마인지 알아보는 게 중요합니다.

　장기 투자를 계획한다면, 수익률도 중요하지만 총 비용이 낮은 펀드를 고르는 것도 중요합니다. 그래야 원금 손실이라는 최악의 경우가 닥쳐도 조금이나마 손해를 덜 보겠지요. 펀드는 수익과 손실에 상관없이 전체 투자금을 기준으로 보수를 책정하기 때문에 장기 투자시 불리한 면이 있습니다. 단기적으로 많은 금액을 투자해도 마찬가지입니다. 소액이라면 크게 신경 쓸 필요는 없습니다만, 그래도 기왕이면 다홍치마라고 수수료가 저렴한 펀드가 좋겠죠?

펀드 비교는 펀드슈퍼마켓에서!

전자제품을 살 때 제조사별 페이지를 찾기보다 H마트, J랜드와 같은 종합전자기기매장을 이용하는 것처럼, 수많은 펀드를 한 곳에서 찾아볼 수 있다면 무척 편리하겠죠? 일일이 증권사 페이지를 확인하는 번거로움을 덜어주는 온라인 펀드 쇼핑몰, 펀드슈퍼마켓이 마련되어 있습니다. (fundsupermarket.co.kr)

펀드 검색을 통해 비교 분석을 쉽게 할 수 있고, 온라인상으로 직접 가입하기 때문에 수수료가 비교적 저렴하다는 장점이 있습니다. 하지만 펀드의 과거 수익률이 앞으로의 수익을 책임지지 않으니 가입 여부는 신중하게 결정하세요. 펀드 유형과 총 보수, 위험도를 직접 알아보면서 이중으로 체크하는 습관을 들이는 것이 좋습니다.

또한, 어느 정도 투자 경험을 쌓은 뒤에 직접 가입하는 편이 안전하겠죠? 초보 펀드 투자자라면 처음부터 펀드슈퍼마켓을 이용하기보다는 전문가와의 상담을 권장합니다.

17

돈이 없어도 주식 투자를
할 수 있을까요?

주식은 거의 모든 투자 상품의 기본입니다. 그만큼 간단한 원리를 바탕으로 하고 있지만, 우리는 주식이라고 하면 전문가들만 하는 걸로 알고 있지요. 주식을 한다고 하면 주변에서 곱지 않은 눈초리로 쳐다볼 때가 많습니다. 물론 개인이 주식으로 성공하기란 꿈만 같은 일지만 월급이 아닌 보너스, 즉 소소한 수익을 목표로 한다면 욕심 내볼 만합니다.

주식은 무조건 나쁘다는 편견을 지우자

왜 다들 주식 투자를 말리는 걸까요? '패자는 말이 없다'라는 말이 있지만, 사람들은 돈에 대해서는 반대가 됩니다. 주식으로 성공한 사람은 동네방네 떠들고 다니지 않습니다. 반대로 실패한 사람은 '주식은 패가망신의 지름길이다'라는 이야기를 하지요. 그래서 우리에게 유독 주식이 실패의 대명사가 되었는지도 모릅니다.

이처럼 주식 투자는 '도박성 투자'와 '원금 손실' 등의 부정적 이미지가 강하지만, 주식 그 자체는 나쁜 것이 아닙니다. 주식 투자란 투자자가 주식을 구입함으로써 기업에 투자를 하는 것으로, 회사를 개인의 소유로 하지 않고 공동 주인(주주)의 소유로 한다는 취지에서 비롯되었습니다. 또한 기업은 자본금을 확충하고 성장을 통해 투자자와 이익을 나눈다는 점에서 보자면 상당히 좋은 제도입니다. 물론 투자한 만큼 이익이 날 수도 손해가 날 수도 있다는 점은 잊지 않아야 합니다!

예를 들어 쉽게 알아볼까요? 연말 보너스를 받은 직장인 A씨는 4년 전, 국내 굴지의 기업인 S전자 주식 1주를 80만 원에 샀습니다. 4년이 지난 현재, S전자 주식이 1주에 120만 원으로 올랐습니다. 충분히 올랐다고 판단한 A씨는 주식을 팔고 40만 원의 수익을 얻었습니다. 게다가 지난 4년 동안 연 평균 2만 원의 배당금도 받았습니다. 그렇다면 A씨의 총 수익금은 48만 원, 즉 60% 수익을 올린 셈이 되겠네요. 반대로 경기가 좋지 않아 주식 가격이 폭락했다면 어떻게 되었을까요? 1주를 80만 원에 매입했던 주식이 40만 원으로 하락, 반 토막 났다면? 80만 원에 샀는데 40만 원이 됐으니 40만 원 손해, 보기만 해도 눈물 나는 -50% 손실입니다. 극단적인 케이스지만 현실에서도 비일비재하게 일어나는 일입니다.

위 이야기를 통해 주식은 지분/소유권이라는 기본 원리를 이해했을 겁니다. 주식의 단위는 '주(株)'라고 부르는데 1주라도 갖고 있으면 주주, 가장 많은 주식을 확보한 사람은 대주주라고 부릅니다. 내가 어떤 기업의 총 주식 100주 가운데 20주를 산다면, 그 기업의 지분 20%를 획득하는 것이지요. 주식이란 곧 지분/소유권이며 이것을 사고파는 행위가 주식 거래입니다.

일하는 시간도 빠듯한 직장인을 위한 주식투자 원 클릭

투자의 핵심은 '싸게 사서 비싸게 파는 것'입니다. 주주의 역할과 의무가 어쩌고 하는 긴 설명도 있지만, 어차피 소액으로 투자를 하는 우리 같은 소주주에게는 조금 먼 얘기입니다. 우리의 일차적인 목표는 성장 가능성이 있는 회사에 투자하여 수익을 얻는 것이므로, 그 점을 충실하게 따져 봅시다. 다음은 주식을 본업으로 하는 전업투자자가 아닌, 직장을 다니며 월급을 받는 평범한 월급쟁이 독자분을 위한 투자법입니다.

1. 직장인이라면 동종업계 회사에 투자하자

가장 안전한 투자처는 의외로 가까운 곳에 있습니다. 대표적인 곳은 바로 내가 다니고 있는 회사나 동종업계입니다. 몇 가지 사례를 들어볼까요?

건설그룹의 한 계열사에 다니는 B씨는 본인 회사의 주식 가격을 꾸준히 살펴보았습니다. 자사 주가가 평균 만 원에서 ±3000원 정도 왔다 갔다 하는 걸 알게 된 B씨는, 본인 회사의 가치가 만 원 이하일 리는 없다는 판단을 내렸습니다. 따라서 주가가 만 원 이하로 떨어지면 회사 주식을 매입하고, 만 원 이상이 되면 매도하는 방식을 통해 추가적인 수익을 올리고 있습니다.

화장품회사 마케팅팀 사원인 C씨는 경제주간지를 읽다가 동종 업계의 A사가 최근에 진출한 중국 시장에서 인기가 좋다는 기사를 접했습니다. 장기적으로 A사의 주가가 오를 것으로 예측한 C씨는 성과급으로 받은 보너스 일부를 해당 주식에 투자했습니다. 향후 A사의 중국 영업이 더 활발해지고 주가가 지속적으로 상승할 것이란 예측에, 1년 후가 무척 기대된다고 합니다.

일하기에도 바쁜 직장인들이 시간을 쪼개서 기업 가치와 재무제표를 확인하기란 쉽지 않은 일입니다. 대신 내가 가장 잘 아는 기업, 상승하락 흐름을 파악하고 있는 동종업계라면 굳이 따로 공부하지 않아도 되니, 투자하기 수월해집니다. 만약에 우리 회사가 잠시 실적이 안 좋아서 주가가 떨어졌지만 곧 회복할 거라 판단한다면, 주가가 떨어졌을 때 미리 사 두는 것이죠. 어떻게 보면 나와 ‘운명공동체’로 묶인 우리 회사의 미래에 투자하는 겁니다. 다만 회사 임원과 같이 중요한 정보를 가진 담당자가 비공개 정보를 바탕으로 주식을 매매하는 건 내부자거래법에 걸리니 주의해야 합니다.

2. 관심 있는 분야에 투자하자

온라인 게임을 무척 좋아하는 D씨는 ‘리○○’라는 대박 게임을 만든 N사에서 '리○○2' 개발을 시작한다는 발표를 했을 때 망설이지 않고 투자했습니다. 전편의 엄청난 성공에 이어 어느 정도 흥행과 기대가 보장되기 때문에, 제작 발표만으로도 주가가 연중 최고점으로 뛰었습니다. 게임에 평소 관심이 있었기에 수익을 거둘 기회를 놓치지 않았던 겁니다.

국내에 개봉하는 영화 대부분을 관람한 영화광 E씨는 커뮤니티를 통해 엄청난 기대작이 나온다는 소식을 입수했습니다. 그동안 지켜본 바로는 기본으로 1000만 관객은 어렵지 않게 돌파할 것으로 예상했고, 그 영화와 관련된 기업들의 주식을 매수했습니다. 즉 영화 제작사와 배급사에 투자한 것이지요. 향후 영화는 흥행을 거뒀고 E씨 또한 주식 가격이 올라 수익을 올렸습니다.

이처럼 관심 있는 분야라면 정보 입수도 빠르고, 신문기사나 뉴스를 통해 기업 현황을 이해하기도 쉽습니다. 어느 한 분야에 지속적으로 관심을 가져왔다면, 그곳에서도 훌륭한 투자처를 발굴해 낼 수 있습니다.

3. 단기적인 '이슈'를 이용하자

짧은 순간에 이슈를 이용한 치고 빠지기 방법도 있습니다.

2015년 초 있었던 D사와 K사의 합병 소식을 기억하시나요? 발표 이후 주가가 일주일 내내 올랐습니다. 합병소식이 전해진 당일이 아니라 하루 이틀 뒤에 주식을 샀어도 수익을 얻을 수 있었다는 뜻이죠. 또한 해당 기업의 주식만이 아니라 관련 기업들의 주가도 함께 상승하는 효과가 있었습니다. K사의 지분을 다수 보유한 기업 및 서버/회선을 제공하는 협력 업체들에게도 좋은 기회였기 때문이죠.

사회적으로 크나큰 걱정거리였던 '메르스'도 투자자 입장에서 보면 활용 가능한 이슈였습니다. 그 당시 언론에 자주 오르내렸던 '메르스 관련주'란 말 들어 보셨나요? 메르스 치료를 위한 백신개발 및 전염을 예방하기 위한 손 씻기 생활화, 마스크 쓰기 등의 생활수칙과 직접 연결된 기업들을 지칭하는 것입니다. 제약회사, 손소독제 개발사, 마스크 제조사 등이 꼽혔습니다. 물론 사회적으로 많은 손실과 인명 피해를 낸 안타까운 사태였지만, 투자자의 관점에서 보면 이 또한 투자할 기회였던 겁니다.

물론 이러한 테마주는 급락을 거듭하며 짧은 시간 내 변동하기 때문에, 초보 투자자라면 피하는 게 좋습니다. 단기적인 호재에 따라 움직이기 때문에, 발 빠르게 대응하지 않으면 큰 손실을 입을 수 있거든요.

소액이라도 꾸준히 투자를 하다 보면, 스스로 해당 분야를 잘 알게 됩니다. 내가 투자한 회사의 주가가 어떻게 될지 예측하려면, 전체 경제 상황은 물론 시사 문제에도 자연스레 관심을 갖게 되거든요. 실생활 속에서 조금씩 공부도 하고 실전 투자 경험을 통해 노하우도 쌓고! 투자에는 실전만큼 좋은 공부가 없습니다.

주주와 관련된 기본 용어

뉴스에서 나오는 '주주총회', '대주주' 얘기는 종종 들어보셨죠? 더 이상 무슨 소린지 몰라서 스킵하는 일은 그만! 몇 가지 기본 용어만 알아도 경제 뉴스 어렵지 않아요.

주주(株主) : 주식을 가지고 직접, 또는 간접으로 회사 경영에 참여하는 개인이나 법인을 가리킵니다. 1주 이상 소유했다면 주주총회에 참석할 수 있으며 의결권을 가집니다.

주주총회 : 주식회사의 최고의사결정기구, 즉 주주들이 모여서 회사의 중요한 의사를 결정하는 회의 . 정기총회와 임시총회로 나누어지며, 정기총회에서는 재무제표 승인과 이익배당이 주로 이루어집니다. 주주는 1주당 1개의 의결권을 가지고 회사 경영에 참여하게 됩니다.

대주주 : 가장 많은 지분을 보유한 주주. 일반적으로 회사의 경영권을 가집니다.

배당금 : 기업에서 발생한 이익 일부를 기업 소유주인 주주들에게 분배하는 돈입니다. 일반적으로 3월 주주총회 이후 4월에 지급합니다.

18

주식을
어떻게 사고파나요?

많은 사람들이 주식과는 연이 없다며 멀게만 생각합니다. 시작하는 방법도, 주가 보는 방법도 잘 몰라서 한두 번 생각만 하고 포기한 분들 있으시죠? 사실 주식 투자의 시작은 펀드와 많이 다르지 않습니다. 증권사에 가입만 하면 누구나 다 할 수 있어요.

주식은 절대 무리해서 시작하지 말자

주식 투자에 관한 한 가지 절대적인 조언을 드립니다. 절대 주식에 '몰빵' 투자는 하지 마세요. 특히 높은 수익률에 혹해서 시작한 투자라면, 성공 확률은 극히 희박합니다. 날고 기는 기관, 전문가도 한 순간의 선택으로 천국과 지옥을 오가는 전쟁터 같은 곳입니다.

주식 투자의 비중이 개인 자산의 10% 이상이 되면 일반적인 직장인 입장에서는 위험 부담이 큽니다. 다른 투자 방식에 비해 주식은 리스크가 크고 등락이 심하기 때문입니다. 또한 투자 자금이 보호되지 않기 때문에, 손해가 난다면 상당한 충격을 받게 됩니다. 무엇보다 종잣돈 모으기가 중요한 20, 30대라면 원금손실이 더더욱 뼈아프게 느껴지겠죠. 만약 종교를 가지고 있다면 헌금, 십일조와 같은 개념으로 10%를 투자한다고 여길 수도 있을 겁니다. 또 어느 정도 현금 흐름이 안정되고 급하게 나가야 할 돈이 없는 상태라면, 10%의 공백은 충분히 감당할 수 있을 거고요.

주식계좌 개설하기

은행에 적금을 들기 위해서 우선 입출금 계좌를 만드는 것처럼, 주식을 매매하려면 주식 계좌를 개설해야 합니다. 보통 계좌 개설은 은행/증권사에서 신청하면 됩니다. 온라인 증권사의 경우 은행만 가능하고, 오프라인 증권사의 경우 은행/증권사 두 곳에서 개설 가능합니다.

증권사를 정할 때는 증권거래세, 즉 주식을 매매할 때 내는 수수료가 저렴한 곳이 유리합니다. 1건 거래할 때 드는 수수료는 보통 0.3~0.9%로 증권사마다 다르지만, 신규가입 시점에 따라 일정 기간 무료로 이용할 수 있습니다. 증권사별 주식거래 수수료는 금융투자협회 전자공시서비스(dis.kofia.or.kr)를 통해서 실시간으로 확인할 수 있습니다.

주식매매하기

주식매매 방법은 크게 3가지로 나눌 수 있습니다. 온라인으로 거래하는 HTS(Home Trading System)와 전화로 거래하는 전화매매, 그리고 증권사에서 직접 거래하는 객장매매입니다. 그렇지만 보통 시간과 공간의 제약으로 인해, HTS 거래가 일반적으로 이루어집니다.

HTS는 굳이 전화나 객장으로 직접 찾아가지 않고도 온라인으로 쉽게 주식 거래를 할 수 있는 시스템입니다. 게다가 다른 매매 방식에 비해 수수료도 훨씬 저렴합니다.

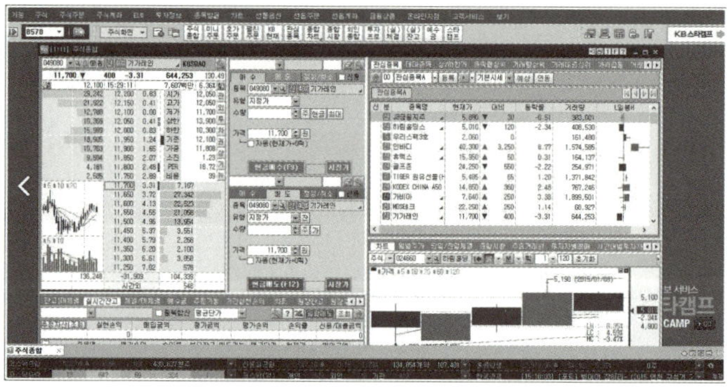

앞서 주식 계좌를 만들었다면, 해당 증권사 홈페이지를 방문해서 계좌 개설 시 설정한 아이디를 등록합니다. 그런 다음 HTS프로그램을 설치하고, 증권계좌에 은행계좌를 연동하여 입금을 하면 이용 준비가 끝납니다. 이 과정에서는 공인인증서가 필수적이니, 미리 발급받아야 합니다. 처음 접속하면 복잡하게 느껴지겠지만, 대부분 증권사가 비슷한 과정을 거치고 초보자 가이드를 제시하고 있으니 매뉴얼을 참고하시면 됩니다. 스마트폰이 대중화된 요즘은 MTS(Mobile Trading System)도 많은 분들이 이용합니다. HTS와 마찬가지로 어플을 설치하고 공인인증서를 등록하면 됩니다.

금융사별로 조금씩 인터페이스는 다르지만, 주식거래는 대체로 비슷한 과정을 거쳐 진행됩니다. 주식 주문은 다음과 같은 3단계로 진행됩니다.

1. 예수금 계좌 선택하기

처음으로 가입한 분이라면 예수금 계좌 잔액이 0으로 표시되어 있을 겁니다. 이 계좌를 이용해 주식을 매매하는 것이므로, 투자 자금을 넣어야 합니다. 주식계좌 개설시 등록한 은행계좌에서 주식계좌로 돈을 이체합니다. 50만 원을 넣었다면, 이 금액 내에서만 매수 가능합니다.

2. 종목 선택/수량 입력하기

종목 검색 창에서 기업 이름을 직접 넣어서 찾을 수도 있고, 코드 번호를 입력해도 됩니다. 그런 다음 매수하고자 하는 수량과 가격을 넣고 확인 버튼을 누릅니다. 여기까지 진행했다고 완료가 되는 것은 아니고, 매수 주문까지 들어간 단계입니다.

> ▶ 사람은 누구나 실수를 하기 마련, 그래서 가격을 잘못 입력하는 사고가 심심치 않게 터집니다. 다행히 거래가 이뤄지기 전이라면 서둘러 정정/취소합니다. 만 원짜리 주식을 10만 원에 산다든가, 그 반대 상황이 생기면 손실이 만만치 않으니 두세 번 점검하는 습관이 필요합니다.

3. 매수하기

등록한 수량과 가격에 맞춰 파는 사람이 있으면 거래가 체결됩니다. 예를 들어 현 시세가 5000원 선에서 왔다 갔다 하는 A 기업의 주식을 5000원에 10주를 매수 주문을 넣은 경우, 그 가격에 매도하겠다고 제출하는 사람이 있으면 자동으로 거래가 이뤄집니다. 따라서 시세보다 너무 낮은 가격으로 주문한 경우, 마감될 때까지 거래가 이뤄지지 않을 수도 있습니다.

주식이라는 심리적 장벽 때문에 어려워하는 분들이 많지만, 한 번만 이용해 보면 별도의 설명이 더 필요 없을 만큼 시스템이 잘 구축되어 있습니다. 스마트폰으로 은행 어플 이용하시나요? 스마트뱅킹 이용하는 것과 별 차이 없습니다. 불과 몇 년 전만 해도, 직접 증권사에 가서 거래 전광판 보면서 증서 매매하고, 전화로 일일이 사고팔고 직접 움직여야 했던 시절이 있었습니다. 그때에 비해 얼마나 편해졌나요. 집에서 두 다리 뻗고 컴퓨터로 혹은 스마트폰으로 주식투자를 할 수 있으니까요.

하지만 긍정적인 면이 있듯 부정적인 면도 있습니다. 컴퓨터/스마트폰으로 너무나 쉽고 빠르게 매매하다 보니, 실제 돈 거래가 아닌 사이버머니처럼 느껴질 수도 있습니다. 돈에 대한 감각이 무뎌지는 것이지요. 또한 거래가 쉽다 보니 단기수익률에 집착하는 경우도 많아집니다. 주가가 오르내릴 때마다 수시로 사고 팔다 보면 장기투자와는 거리도 멀어지고, 매매수수료로 수익을 모두 지출하는 경우가 생기기도 합니다. 중고등학생들도 주식투자를 하는 경우를 볼 수 있을 정도로 진입장벽이 낮아지다 보니 등장한 부작용이랄까요.

이처럼 누구나 손쉽게 주식을 사고팔 수 있지만, 순간적인 판단보다는 철저한 계획 아래 신중하게 판단하는 마음가짐이 필요합니다.

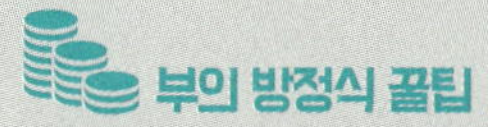

개인이 주식 투자에 실패할 확률이 높은 이유

자금과 정보력에서 밀리는 개미들

자본주의에서 돈과 정보가 곧 힘이고, 특히 주식시장에서 돈과 정보의 힘은 절대적입니다. 왜 주식시장에선 특히나 돈과 정보의 힘이 극대화될까요? 간단한 예로 주식시장의 우량주를 살펴봅시다.

기업 가치가 높고 지속적으로 상승할 것으로 예측되는 기업은 우량주라고 불립니다. 이 우량주들은 당연히 많은 투자자들이 찾고 그 영향이 반영되어 자연적으로 가격이 상승합니다. 우리에게 익숙한 기업이라면 주가가 비교적 높은 가격대로 형성되어 있습니다. 투자할 자본금이 비교적 적은 개인투자자는 우량주를 사고자 하더라도 많이 살 수가 없습니다. 이미 주가가 높게 형성되어 있기 때문이지요. 오른다는 사실을 뻔히 알아도 많이 구매할 수 없는 만큼, 높은 수익을 기대하기 어렵습니다. 그에 반해 기관이나 외국인은 충분한 자본금을 바탕으로, 우량주를 많이 사들이기 때문에 그만큼 많은 수익을 올릴 수 있습니다.

대부분의 개인투자자들은 뉴스에서 나오는 정보나 지인에게 얻은 불확실한 정보, 그리고 공시되어 있는 기업의 재무상태와 차트 정도만 점검하고 섣부른 투자를 하는 경우가 허다하기 때문에 상대적으로 기관이나 외국인에 비해 주식 실패 가능성이 상당히 높은 것입니다.

조그만 등락에도 일희일비! 조급증에 빠지는 심리현상

개인은 기관에 비해 참을성과 인내심이 부족합니다. 주가는 하루에도 ±30%까지 변동 가능하기 때문에 아무리 사소한 등락에도 집중하게 되는 것이 자연스러운 사람 심리입니다. 단 100만 원을 투자해도 하루에도 몇 번씩 주가를 확인하게 됩니다. 그렇기 때문에 수시로 주식창을 들여다보다가 A기업의 주가가 떨어지면 참지 못하고 팔고, B기업이 잘 오르는 것처럼 보이면 그 기업에 투자했다가 파는 일이 부지기수로 벌어집니다. 이런 식으로 개인은 주식을 장기 보유하는 대신 짧게 사고파는 '단타매매' 방법을 주로 구사합니다.

가치투자(장기투자)와 단타매매(단기투자) 중 어떤 방법이 더 좋다고 잘라 말할 순 없지만, 단타매매법은 시간이 많이 소요되고 신경을 많이 써야 한다는 점에서 직장인에게는 추천하지 않는 방법입니다.

19

주식보다 안전하다는 채권, 정말일까?

주식/펀드/채권 이 세 가지가 금융 투자의 기본이라고 볼 수 있습니다. 이 개념들만 제대로 잡고 가도 웬만한 금융상품은 대략적으로 이해할 수 있습니다. 하지만 주식과 펀드는 쉽게 접하고 들어봤다 쳐도, 채권은 '이게 뭐람?' 하는 분들 많을 겁니다.

알기 쉬운 채권 개념 정리

채권이란 자금을 빌리는 정부나 기업, 단체가 발행하는 채무증서를 가리킵니다. 주식이 투자자가 직접 기업에 투자하고 기업 자산에 대한 권리를 부여받는 방식이라면, 채권은 기업이 투자자의 자금을 빌리고 그에 대한 이자를 지급하는 방식으로 보시면 됩니다.

채권의 원리를 쉽게 비유로 들어봅시다. 지금 글을 읽고 있는 여러분이 제게 1000만 원을 빌리면서 1년 뒤에 갚겠다고 저한테 약속을 했습니다. 그럼 1년 후에 딱 1000만 원만 주실 건가요? 원금에 대한 이자도 주겠죠? 이렇게 개인 간에 쓰는 차용증도 채권의 일종입

▶ 국채: 국가의 중앙정부가 발행하는 채권. 나라가 망하지 않는 한 손실 날 위험이 없으므로 가장 안전함. 대신 금리가 낮음.

▶ 회사채: 주식회사가 발행하는 채권으로 기업 신용등급(투자등급)에 따라 금리가 다름. 신용등급이 높은 채권은 수익률이 낮고, 신용등급이 낮은 채권은 수익률이 높음.

니다.

개인 간의 거래와 마찬가지로 기업도 채무 거래가 적용됩니다. A라는 회사가 사업 확장을 위해 추가 자금을 필요로 하는 상황, 이때 자금을 조달하는 가장 안전한 방법이 바로 회사채를 발행하는 것입니다. 기업이 3년 만기 회사채를 발행하고 그 채권을 투자자가 산다면, 곧 기업이 투자자의 돈을 빌리고 3년 후에 갚게 되는 셈입니다. 그 과정에서 투자자는 일정한 이자 수익을 얻게 되지요. 이 채권은 투자자가 만기까지 보유할 수도 있지만, 시장 상황에 따라 사고파는 일도 이루어집니다. 이게 바로 채권 시장을 이루는 원리입니다.

안전빵 투자자에게 채권이 매력적인 이유

높은 수익률을 기대할 수 있는 주식이나 펀드와 달리, 채권은 안전한 투자를 선호하는 투자자들이 주로 활용합니다. 은행에서 대출받을 때 당연히 기간과 이자율이 미리 정해져 있죠? 국가나 회사의 채권 역시 마찬가지로 기간과 이자율이 정해져 있습니다. 미래 어느 시점에 특정 금액을 지급하기로 예정되어 있는 거죠. 즉, 수익이 확정되어 있기 때문에 안전하다는 뜻입니다. 이처럼 채권은 수익률

변동이 큰 주식, 펀드보다 계획적인 투자가 가능하다는 점에서 매력적입니다.

투자에는 항상 리스크가 따르는데, 채권의 리스크는 딱 하나입니다. 국가나 회사가 망하는 것! 반면에 펀드나 주식은 기업이 망하지 않더라도 실적이 안 좋으면 바로 수익률이 마이너스가 되니, 채권의 위험도가 현저히 낮다고 볼 수 있습니다. 또한 채권 발행기관이 망하더라도 채권 자체가 '빚'이기 때문에 변제순위에 따라 투자금을 돌려받기도 합니다.

게다가 채권 자체가 투자의 개념이 강하므로 예/적금보다는 보편적으로 수익이 높습니다. 주식과 비교하면 당연히 기대수익률이 떨어지지만 채권은 기대수익이 낮은 대신 주식에 비해 변동폭이 작아 훨씬 안전합니다.

앞에서 언급했던 CMA 종류 기억하시나요? CMA RP형이 바로 국공채에 투자하는 것입니다. 국가나 공기업채권에 투자되니까 그만큼 안전한 거죠. 투자에는 위험이 따른다지만, 채권처럼 알고 보면 비교적 안전한 투자를 지향하는 분들을 위한 상품도 마련되어 있습니다.

20

채권 투자,
나도 할 수 있을까?

채권이 뭔지는 알았으나… 접해 본 적도 없고 심지어 들어 본 적도 없는데 어떻게 어떤 식으로 투자할지 누가 알겠나요? 비교적 안전한 채권 투자라지만 다시 한 번 짚어 봅시다.

안전한 채권 투자 첫걸음

드디어 채권 투자하는 방법을 공개합니다. 초보라도 활용할 수 있는 간단한 방법부터 시작해 봅시다. 사실 이것만 배워서 활용해도 친구들 사이에서는 엄지 척!

1. 은행/증권사에서 판매하는 금융상품을 활용하자

RP(환매조건부채권), 은행채, 후순위채, 신용등급 AA이상의 회사가 발행하는 CP(기업어음) 등에 투자하는 방식입니다. 큰 수익을 노리는 것이 아니므로 굉장히 안정적입니다. 정기

▶ 안전성 : ★★★★★
수익성 : ★★☆☆☆

예금보다 약간 높은 금리를 목적으로 합니다. 그러니 초보자도 손쉽게 채권에 투자할 수 있습니다.

2. 채권형 펀드에 가입하자

▶ 간편성 : ★★★★☆
수익성 : ★★★☆☆

사실상 가장 많은 사람들이 활용하는 방법이고, 우리가 가장 흔하게 접할 수 있는 방법입니다. 채권형 펀드를 가입하여 펀드에 돈을 넣으면, 전문가가 알아서 채권 투자를 대행해 줍니다. 따라서 크게 신경 쓰지 않고도 채권 만기이자 수익과 함께 채권 매매차익까지 함께 얻을 수 있습니다.

3. 직접 채권 투자하기

▶ 안정성 : ★★☆☆☆
수익성 : ★★★★☆

증권사에 계좌를 개설하고 주식처럼 투자자 본인이 직접 채권을 매매하는 방법입니다. 주식처럼 대부분 HTS를 통해 투자를 하게 되는데 채권을 사고 팔아서 생기는 매매차익과 고금리를 한꺼번에 노릴 수 있습니다. 가장 높은 수익을 추구할 수 있으나, 그만큼 전문적인 지식도 필요하고 신경을 많이 써야 합니다.

채권 투자하는 세 가지 방법을 알아봤는데, 직장 다니느라 바쁜 우리가 실질적으로 활용 가능한 방법은 첫 번째와 두 번째입니다. 신경도 덜 쓰고 안전하기도 하니까요.

그렇다고 해서 무작정 '채권은 안전해! 어떻게 해서든 손실 안 나. 대충 아무거나 가입하면 되겠지?' 이렇게 생각하면 안 됩니다. 누누이 강조하지만 채권은 안전자산 즉, 가장 안전한 투자처입니다. 하지만 엄연한 투자이기 때문에 예금자보호도 되지 않고, 투자처가 부도날 경우 원금을 손해 볼 수도 있습니다. 그러니 꼭 이 점은 유의하고 투자하시기 바랍니다.

채권은 금리와 연관 깊다

변동폭이 작아 안전하다고는 하지만, 채권 수익이 늘 일정하진 않습니다. 채권 수익에 가장 큰 영향을 미치는 것은 채권 가격과 금리입니다. 채권 가격이 오르면 채권 수익은 떨어지고, 채권 가격이 떨어지면 채권 수익은 증가합니다. 채권 가격과 수익이 '역'의 관계라고 생각하세요.

	금리 상승기	금리 하락기
채권 가격	하락	상승
수익률	상승	하락

채권은 대부분 만기에 일정 금액을 받기로 예정되어 있습니다. 예를 들어, 오는 12월 31일에 100만 원을 받기로 예정되어 있는 채권이 지금 90만 원에 거래된다고 합시다. 내가 90만 원을 내고 이 채권을 사면 만기에 100만 원을 받을 테니 10만 원이 나의 수익이죠. 그런데 채권 가격이 상승해서 이 채권의 가격이 95만 원이 되었다면 95만 원에 채권을 사서 만기에 100만 원을 받으므로 수익이 5만 원으로 줄어들겠죠. 그래서 채권가격과 채권수익은 '역'의 관계입니다.

그러면 이 채권 가격은 어떤 식으로 오르내릴까요? 채권은 나라나 회사가 돈을 빌리는 거라고 앞에서도 설명 드린 바 있습니다. 투자자들의 자금이 충분하면 쉽게 빌려주고, 여유가 별로 없으면 잘 빌려주지 않겠죠? 이처럼 시중 유동자금이 많은 시기, 즉 투자자들의 자금이 충분한 상황에서는 채권을 사려는 사람이 많으니 가격이 상승합니다. 이때는 채권 수익이 조금만 나겠지요. 반대로, 유동자금이 적은 시기에는 투자할 자금 자체가 부족하게 되어 채권 수요가 줄어서 수익률이 올라갑니다.

아니, 언제 투자자들이 돈이 많고 적을지 어떻게 알 수 있냐고요? 그것은 금리와 긴밀한 연관이 있습니다. 금리가 자꾸 떨어지면 사람들이 은행에 돈을 넣고 싶어 하지 않는 게 당연합니다. 특히 요즘처럼 정기예금 금리가 1%대로 떨어진 상황에서는 1000만 원을 1년 동안 넣어 봐야, 이자가 20만 원도 되지 않습니다. 큰돈을 은행에 묶어봤자 거의 본전, 물가상승률까지 따진다면 실질적으로 마이너스인 셈이죠. 그래서 투자자들은 은행 예금을 빼서 다른 투자처를 찾게 됩니다. 그래서 은행보다는 수익이 높고, 원금손실 걱정이 적은 채권에 투자하는 기금이 많아져서 채권 가격이 상승합니다. 반대로, 금리가 상승하면 사람들이 은행에 돈을 넣어 두겠죠? 그러면 채권 수요가 적어지기 때문에 채권 가격이 하락합니다. 따라서 금리 하락기에는 채권형 펀드의 비중을 높이고, 금리 상승기에는 주식형 펀드의 비중을 높이는 식으로 투자 방향을 설정하면 유리합니다.

요즘 가장 핫한 금융상품 ELS, 믿고 해도 되나?

요즘 증권사에서 그리고 은행에서 가장 많이 판매되는 대표적인 금융상품 ELS 시리즈! 그런데 종류만 다양한 게 아니라 상품 구조도 제각각입니다. 전적으로 직원의 말만 의지할 수밖에 없다니, 그래서는 불안하죠. 내 돈이 담기는 금융상품, 가입하려거든 먼저 정확하게 파악부터 해야 합니다.

고수익의 함정, ELS

ELS(Equity Linked Security)란 주가연계증권으로, 주가지수나 주식과 연계하여 조건에 따라 수익을 올리는 상품입니다. 높은 수익률에 혹해 '원금비보장·고위험'이라는 설명을 잊는 경우가 많은데, 사실 ELS는 투자금 대부분을 잃을 수 있는 아주 위험한 상품입니다. 손실 가능성은 크지 않지만 그게 당신의 일이 되지 않으란 법은 없으니까요.

은행이나 증권사에서 중위험 중수익이라는 설명을 듣고 반신반의하면서 소액으로 시작했다가 높은 수익에 반색하며 조금 더 넣고, 또 넣고 하다 보면 대부분의 투자 자금이 ELS로 들어가는 경우가 많습니다. 그러다가 내가 투자한 ELS에서 원금 손실이 나면? ELS는 원금손실이 발생하는 순간 기본 20% 이상이 깎인다고 봐야 합니다. 떠올리는 것만으로도 무서운 일이지만, '저위험 고수익' 은 절대 없다는 사실 기억하세요.

그렇다고 '절대 ELS 하지 마세요!'라고 결사 반대하는 건 아닙니다. 금융상품은 어떻게 활용하느냐에 따라 나에게 독이 될 수도 약이 될 수도 있습니다. 약으로 쓰는 방법을 알아 봅시다.

E씨 형제들을 파헤치자!

사실 상품구조 설명은 복잡하기만 하고 헷갈립니다. ELS에는 여러 종류가 있지만, 자세한 내역은 넘기고 중요한 특성만 가려 알아봅시다.

E씨 형제들에게서 수익을 얻으려면 조건이 있다고 보면 됩니다. 'A조건도 충족하고 B조건도 맞춘다면 이만큼 수익을 줄게!' 이게 E씨 형제들의 기본 구조입니다. 어렸을 때 부모님이 "이번에 중간고사 점수 평균 10점 오르면 휴대폰 사줄게!"라고 약속하는 느낌이랄까요? 이때 조건은 평균 점수가 오르는 거니까, 국어 한 과목

만 10점 올라선 안 되고 전체적으로 모든 과목이 올라야 해당되겠죠? E씨 형제들 역시 이런 식으로 정해진 조건을 모두 충족시켜야만 하는 상품들입니다.

이런 조건들을 '기초자산'이라 합니다. 조건이 많을수록 불리하니, E씨 형제들에 가입할 땐 비교적 기초자산이 적은 걸로 가입하세요.

E씨 형제들 위험도/기대수익률/원금손실/판매기관

ELS[주가연계증권]	고위험(원금비보장형) / 연 6% 이상 / 원금 손실 시 30% 이상 / 증권사 저위험(원금보장형) / 연 2~3% / 중도해지시 원금손실 가능 / 증권사
ELD[주가지수연동예금]	저위험(원금보장형) / 연 2~3% / 중도해지시 원금손실 가능 / 은행
ELB[파생결합사채]	저위험(원금보장형) / 연 2~4% / 중도해지시 원금손실 가능 / 증권사
ELF[주가연계펀드]	고위험(원금비보장형) / 연 6% 이상 / 원금손실 가능 / 은행, 증권사 중위험(원금보존추구형) / 연 4% / 원금손실 가능 / 은행, 증권사

이렇게 구분해 놓으니 나의 투자 성향에 맞는 게 눈에 들어오시나요? 위에서 정리한 표로 보자면 비교적 안전하다는 ELD, ELB가 눈에 띕니다. 그런데 원금보장형이라는 문구를 100% 믿어서는 안 됩니다. '원금보장'은 사실 눈속임에 불과할 수도 있거든요. 예를 들어, 1년 만기 ELS 원금보장형을 가입했는데 조건을 충족시키지 못해 원금만 돌려받았습니다. 그렇다면 내게 이득인가요, 손해인가

요? 처음부터 ELS에 안 넣고 예금이나 채권에 넣었으면 기본 수익은 얻을 수 있었는데, ELS에 넣어 아무 이득을 얻지 못했으므로 그만큼 기대수익의 하락, 즉 손해가 발생한 겁니다.

이처럼 원금보장형은 대부분 '내 돈의 미래가치'를 전혀 창출하지 못합니다. 그렇기 때문에 원금보장형을 맹신할 필요는 없습니다.

E씨 형제들 어떤 식으로 활용하는 게 좋을까?

E씨 형제들에 투자할 경우, 모든 투자가 그렇듯 '분산투자'가 필수입니다.

1. 고수익 추구형

수익률을 높이기 위해서는 다소 위험을 감내해야 합니다. 1000만 원을 투자할 계획을 가진 경우, 4번에 걸쳐서 4개의 상품을 가입하는 게 어떨까요? 만약 같은 기초자산에 투자하겠다면 기간을 다르게 설정합니다. 예를 들어, 월 250만 원씩 2개월 간격으로 8개월에 걸쳐 같은 지수에 투자하는 ELS에 가입하는 식입니다. 만약 한 번에 1000만 원을 넣겠다면? 이것 또한 4개 정도로 분산하여 각각 다른 기초자산에 투자하는 상품으로 가입하면 되겠지요.

이렇게 기간을 나누거나 기초자산을 나눠서 투자해야 그나마 리스크가 줄어듭니다.

2. 중수익 추구형

1000만 원이 있다면 대략 600~800만 원은 원금보장형에, 나머지 200~400만 원은 원금비보장형에 투자합니다. 그러면 위험도가 너무 높지도 너무 적지도 않은, 본인에게 적절하다고 판단되는 수준에 맞춰 수익을 추구할 수 있습니다. 물론 이때도 항상 분산투자 하는 건 잊지 마시고요.

3. ELS 풍차 돌리기

은행상품 편에서 설명한 풍차적금 기억나시나요? 그것과 같은 원리를 ELS에도 적용한다면 어떨까요? 월급의 일부를 모으는 풍차적금은 비교적 5~10만 원의 소액으로 하는 반면, ELS를 활용하는 풍차 ELS는 좀 더 큰 금액으로 굴리는 경우가 많습니다. 예를 들어, 내게 1200만 원의 여유자금이 있다면, 일단 전액을 CMA에 넣어두고 매달 선택한 E씨 형제 상품에 100만 원씩 가입을 하는 것입니다. 이렇게 되면 풍차적금처럼 매달 만기가 되고(조건에 따라 다릅니다), 위험성도 현저히 낮아집니다.

내 보험을 부탁해!

부모님이 가입했으니까 또는 지인이 추천하니까,

언제까지 묻고 따지지 않고 가입할 건가요?

앞으로는 엄마 말만 들을 게 아니라, 직접 알아보고 따져봅시다.

나를 위한 보험이라면 내가 관리하는 게 맞겠죠?

내게 맞는 보험료는 얼마?

저축 대신 종신보험은 어떨까?

노후연금, 지금부터 준비할 필요 없다고?

비과세통장이라는 저축성 보험, 진짜일까?

모르면 호갱님 되는 추가 납입 기능?

보험, 꼭 들어야 하나요?

복잡한 보장성 보험, 뭐가 좋을까?

내게 맞는 보험료는 얼마?

저축 대신 종신보험은 어떨까?

노후연금, 지금부터 준비할 필요 없다고?

비과세통장이라는 저축성 보험, 진짜일까?

모르면 호갱님 되는 추가 납입 기능?

22

보험,
꼭 들어야 하나요?

언제 아프고 다칠지 예측하는 초능력이 있다면, 바로 그 전날 보험에 가입하면 됩니다!
그렇지만 미래를 미리 알 수 없는 평범한 우리에겐 먼 얘기죠. 나와 가족의 미래를 위한
현명한 선택, 보험은 꼭 필요합니다.

매달 보험료 내자니 돈이 아깝고, 없으면 불안불안 아쉬운 보험

저기 위에 질문한 분은 굉장히 특이한 케이스네요. 소액이라도 하나쯤은 보험에 가입돼 있지 않나요? 설사 당사자는 잘 모르더라도 어렸을 적 부모님이 챙겨 놓으신 보험이 있을 거예요.

보험이란 미래에 일어날지 모르는 위험(상해, 질병 등)을 미리 대비하는 상품입니다. 소소한 치료비는 대부분 알아서 커버가 가능하지만, 큰 질병이나 상해처럼 치료비가 많이 들면 돈을 열심히 모아 두었다가도 다 치료비로 날리게 되죠? 그런 위험을 막기 위해서 보험을 드는 겁니다. 특히 가족 중 하나라도 큰 병에 걸리면 고액의 치료비로 인해 남은 가족들의 생활에도 지장이 있으니만큼, 나뿐만이 아니라 사랑하는 가족을 위해서도 보험은 꼭 필요합니다.

그런데 보험은 참 특이합니다. 돈 없는 사람들에게 꼭 필요한 상품인데, 오히려 돈 많은 사람이 보험을 좋아하고 돈 없는 사람은 보험이라면 질색하는 경우가 많습니다. 보험금 타 본 적도 없는데 한 달에 몇만 원 혹은 몇십만 원 내려고 하면 부담되니까요. 왠지 모르게 불필요한 지출 같은 기분도 들고요. 그런 보험을 웃는 얼굴로 권하는 보험설계사가 웬수 같기도 합니다. 하지만 막상 병원입원실이나 장례식장에서 가장 환영받는 사람이 누구일까요? 바로 담당 보험설계사입니다. '건강할 땐 웬수, 아플 땐 은인' 같은 존재죠. 어쨌거나 보험금 수령을 통해 금전적인 문제를 해결해 주니까요.

현재 서른 살로, 매달 5만 원씩 20년 동안 납입하는 암보험에 가입했다고 칩시다. (100세까지 보장, 암 진단시 5000만 원) 가입 후 암 진단을 받으면 보험금 5000만 원을 받습니다. 35세에 걸리든, 50세에 걸리든, 80세에 걸리든 상관없습니다. 어쨌거나 20년 동안 낸 납입금은 1200만 원이니, 보험으로 인해 이득을 봤네요. 암에 걸리지 않으면 돌려받지 못하는 돈이지만… 그래도 건강이 최고죠!

한 살이라도 어릴 때 보험에 들으라고 하는 이유

'보험은 기왕이면 일찍 가입하는 편이 좋다!' 라고들 합니다. 왜 그런 걸까요?

나중에 암에 걸릴지 안 걸릴지도 모르는데, 미리부터 돈을 내라니 보험료가 아깝죠? 지금처럼 병원 갈 일이 거의 없을 때 말고, 나중에 체력 떨어지고 여기저기 아프기 시작하는 40~50대가 되면 그때 가입하는 게 낫지 않을까 싶기도 할 겁니다. 아예 틀린 말은 아니지만, 다음 세 가지 사실은 알고 가셔야 해요.

1. 같은 보장이라도, 나이가 많을수록 보험료가 비싸다

암에 걸릴 확률이 20대가 높을까요, 50대가 높을까요? 같은 5000만 원 보장 암보험을 가입해도 20대 보험료가 5만 원이라면, 50대는 15만 원이라는 식으로 크게 차이가 납니다. 둘 다 똑같이 20년 내고, 100세까지 보장된다고 하면, 결국 늦게 가입할수록 돈은 더 많이 내고 보장받는 기간은 적은 겁니다. 오히려 젊을 때 가입하는 게 유리합니다.

2. 기존에 아팠던 적이 있으면 보험에 새로 가입하기 힘들다

예전에 갑상선암에 걸렸던 사람이 보험을 가입하려 합니다. 그럼 암이 재발하거나, 다른 질병에 걸릴 확률이 남들보다 높겠죠? 과연 보험사가 받아줄까요? 마찬가지로 무릎이나 허리를 다친 적이 있다거나 허리디스크가 있다면, 일반인에 비해 쉽게 아프고 병원에 자주 갈 것으로 예상되겠죠. 그럼 보험사가 가입 신청을 그냥 받아 줄까요? 기존 병력과 관련된 부분은 보장에서 제외하거나 가입 자체를 못하게 막아 버리는 경우가 많아요. 나이 먹으면 뼈마디가 시려 온다는데, 아프기 전 미리 가입합시다.

예전에 아팠던 거 속이고 가입했다가 나중에 보험금 청구할 때 들통 나면, 강제로 보험 해지당합니다. 그러니까 보험 가입할 때는 병력을 솔직하게 밝혀야 합니다.

3. 옛날 보험이 더 좋다

보험사에서 소비자들에게 유리한 혜택이나 보장을 점점 줄이는 추세이므로, 일찍 가입해 두는 것이 좋습니다. '본인부담금'이란 명목으로 이용자가 일부를 부담하게 된 것이죠. 실제로 2015년도 8월까지 의료실비보험에 가입한 사람은 치료비의 90% 보상을 받지만, 지금 가입한 사람은 80% 밖에 안 됩니다. 2009년 이전에는 100% 전액을 보장받는 상품도 있었지만요. 실손의료비 이외에 다른 보험도 점점 보험사의 손해가 커짐에 따라 보장범위를 축소해 나가는 중입니다.

보험을 가입할 땐 차를 구입할 때처럼 신중하게!

보험은 장기 상품입니다. 4박5일 해외여행 갈 때 가입하는 여행자보험처럼 특정기간에만 납입하고 보장하는 상품도 있지만, 가장 많이 가입하는 실손의료보험은 평생, 종합건강보험은 20~30년씩 장기로 계약하는 게 일반적입니다. 월 보험료는 정하기 나름이지만 10만 원이 평균이라 볼 수 있습니다. 월 보험료는 10만 원에 불과하다 해도, 전체 가입기간 동안에 내는 총 보험료가 만만치 않습니다.

월 납입 보험료는 몇만 원 수준이지만, 금액을 총 납입기간으로 따져보자면 어떻게 될까요? 월 10만 원×20년으로 계산하면 2400만 원, 게다가 중간에 보험료가 상승하는 갱신형 보험이라면 3000만 원에 가까운 대형 지출이 됩니다. 기왕 가입한다면 처음부터 잘 알아보고 가입하는 선견지명이 필요합니다.

23

복잡한 보장성 보험, 뭐가 좋을까?

보험 가입하려고 직접 알아보거나 혹은 가입한 보험 내역을 체크하다 보면 '멘붕'이 옵니다. 사실 모르는 게 당연합니다. 보험은 그만큼 복잡하거든요. 내 몸의 건강에 대한 보장을 받는 '보장성 보험'을 가입하려 한다면 무엇보다 '보장 범위'를 확인하는 게 가장 좋습니다. 어떤 병이 찾아올지 모르니, 보장받을 수 있는 범위가 넓으면 넓을수록 좋으니까요.

실패하지 않는 첫 보험 고르기

필요성은 알지만, 내게 필요한 보험을 선택하기란 쉽지 않습니다.
보험은 재테크 수단은 아니지만, 저축이 무너지지 않도록 지켜주
는 방파제 역할을 합니다. 하지만 보장 내용에 맞는 적절한 보험료
를 내거나, 내게 필요없는 보험 가입을 피해 불필요한 비용을 줄이
는 것도 재테크의 하나입니다. 누구나 하나쯤은 가입하게 되니 보
험 고르는 법은 알아 두면 큰 도움이 됩니다. 그러니 보험 첫걸음은

조금 귀찮더라도 꼼꼼히 체크하고 넘어갑시다.

보장성 보험이란 암보험, 건강보험처럼 질병이나 사망에 대비하는 상품입니다. 큰 질병에 걸릴 경우 고액의 치료비로 인해 그동안 저축한 돈뿐 아니라 가족의 돈까지 모두 써 버릴지 모르는 위험에 대비하기 위함입니다. 장기적으로 돈을 모으는 저축성 보험은 어디까지나 그 이후에 가입을 고려하는 것이 정석입니다.

보장성보험은 크게 생명보험과 손해보험 두 가지로 나눌 수 있습니다. 과거에는 생명보험은 사망, 손해보험은 생존으로 특성에 차이가 있었지만, 현재는 두 곳의 경계가 많이 무너진 상태입니다. 그러니 각각의 보장범위를 보고 필요한 부분에 초점을 맞춰 가입하면 됩니다. 두 보험을 구분하려면 취급하는 보험사의 이름을 보면 알 수 있습니다. 생명보험사는 ~생명, 손해보험사는 ~화재, ~해상, ~손해보험이라는 사명을 씁니다.

생명보험과 손해보험, 어느 쪽이 좋을까?

일반적인 보장 범위를 비교해 보면 알기 쉽습니다. 사망보장은 질병/상해를 구분하지 않는 생명보험이 유리합니다. 반대로 중요 질병인 암, 뇌질환, 심장질환과 입원일당, 그리고 실손의료비는 손해보험이 유리합니다. 수술과 관련된 항목은 생명, 손해보험사 별로 각각 장단점이 있으므로 우열을 가리기 힘듭니다. 따라서 생명보험, 손해보험 둘 중 하나를 메인보험으로 잡고 다른 하나를 서브보험으로 메인보험의 부족분을 보충해주는것이 가장 좋습니다.

또한 같은 보장이라도 60세, 80세, 100세 식으로 보장 기간을 다르게 설정할 수 있습니다. 평균수명이 계속 늘어나는 추세이므로 가장 긴 100세까지 보장받는 게 마음 편하겠죠? 매달 내는 보험료가 몇천 원 늘더라도 오랜 기간 보장받을 수 있으니, 결코 손해가 아닙니다.

	생명보험	손해보험
사망	일반사망	질병상해사망
암	대장점막내암(10~20%) 생식기암(50%)	대장점막내암(100%) 생식기암(100%)
뇌질환	뇌출혈	뇌출혈+뇌경색+뇌혈관질환
심장질환	급성심근경색	급성심근경색+허혈성심장질환

참고 : 보험사마다, 상품마다 예외는 있을 수 있습니다. 일반적인 보장범위입니다.

사망보험금

생명보험은 일반사망이라면 이유가 어찌 되건 무조건 사망보험금을 지급합니다. 심지어 자살도 보험금이 나옵니다.(가입 2년 이상 시) 그에 반해 손해보험은 상해나 질병으로 사망해야만 보험금을 지급합니다. 즉, 사망 보장을 받고 싶다면 생명보험이 유리합니다.

암

암보험은 일반암의 범위가 중요합니다. 과거 갑상선암이 일반암인

시절에는 암보험금 전액을 지급 받았습니다. 하지만 이제는 갑상선암이 흔해지고 치료비도 얼마 들기 않기 때문에 소액암으로 분류되었습니다. 현재는 5000만 원짜리 보험에 가입한다면 갑상선암에 걸려도 20%인 1000만 원만 받습니다.

이미 갑상선암은 생명보험, 손해보험 따질 것 없이 소액암으로 분류되었지만 대장점막내암과 생식기암은 다릅니다. 생명보험은 대장점막내암을 대부분 소액암으로 분류하고, 생식기암(유방, 난소, 자궁, 전립, 방광)은 50%만 지급합니다. 손해보험은 아직 대장점막내암과 생식기암 모두 100% 지급하는 곳이 많습니다. 즉, 암 보장은 손해보험사가 유리합니다.

뇌질환

뇌졸중은 뇌출혈과 뇌경색으로 나뉩니다. 둘 중 어느 쪽이 많이 발병할까요? 뇌출혈은 전체 뇌질환 중 16%에 불과하고, 뇌경색은 61%, 나머지 23%가 경미한 뇌혈관질환입니다.

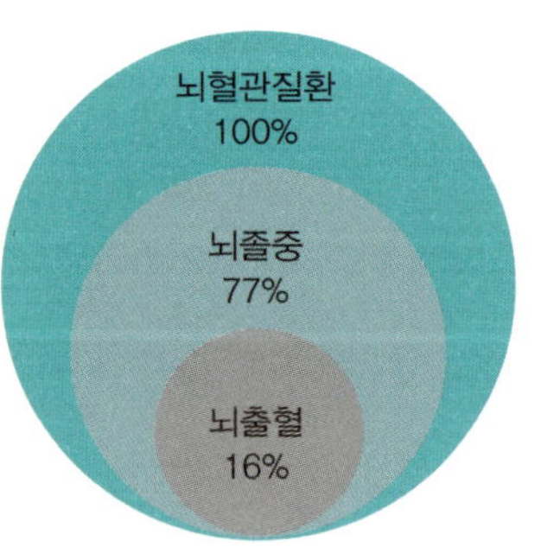

생명보험은 뇌출혈만을 보장하고, 손해보험은 뇌출혈+뇌경색 즉, 뇌졸중을 모두 보장합니다. 몇몇 손해보험은 뇌혈관질환까지 보장하니, 손해보험이 유리합니다.

심혈관질환

가장 대표적인 중증심장질환이 급성
심근경색입니다. 생명보험, 손해보험
모두 급성심근경색을 보장하지만 일
부 손해보험사는 허혈성심장질환, 즉
경미한 심장질환도 보장이 됩니다. 즉,

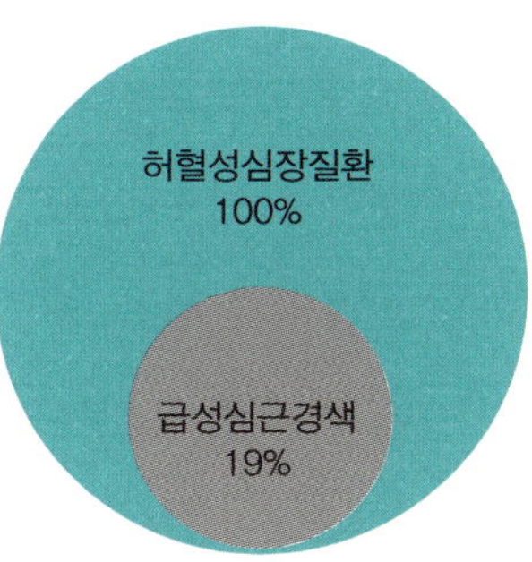

허혈성심장질환까지 보장하는 손해보험이 훨씬 유리합니다.

수술

생명보험은 회사마다 정해진 수술분류표(1~5종)에 해당하는 수술
비를 지급합니다. 손해보험은 질병수술비와 상해수술비가 따로 분
류되고, 추가 수술비도 있어서 중복 보상이 가능합니다. 생명보험
과 손해보험 어느 쪽이 좋다 우열을 가리기 힘듭니다.

입원

생명보험은 보통 입원 4일 이상부터 입원비를 지급합니다. 1일 이
상도 있지만 대부분 갱신형 특약입니다. 손해보험은 질병이나 상해
로 입원해야 하지만 1일 이상부터라는 점에서 메리트가 있습니다.
즉, 입원은 손해보험이 약간 더 유리합니다.

현재는 '표준화실손의료비'로 모든 보험사가 똑같습니다. 다만 가격이 약간 차이 나는데, 손해보험이 비교적 저렴한 편입니다. 또한 통원 의료비가 생명보험은 20만 원, 손해보험은 25만 원이 들어간다는 점에서 손해보험이 유리합니다.

CI보험은 가능하면 피하자

CI(Critical Illness)보험은 치명적인 질병에 걸렸을 때, 보험금의 일부를 미리 받는 보험입니다. 건강보험과 종신보험의 성격을 동시에 가지고 있는 보험으로, 생명보험사에서 취급하고 있습니다. 그런데 문제는 까다로운 조건 때문에 보장받기가 굉장히 어렵다는 점입니다. 3대 질병(암, 뇌질환, 심장질환)에 걸렸다 해도 '중대한 질환'으로 판정받아야만 보험금이 나오는 조건이기 때문입니다. 일반적으로 말하는 일반적인 암, 뇌출혈, 급성심근경색보다 훨씬 위중한 상태만 해당됩니다. 그 구분이 쉽지 않아, 금융감독원에서도 CI보험 가입을 주의하라고 공식적으로 발표하기도 했습니다. 그러니 3대 질병을 보장받으려면 CI보험보다는 일반 손해보험을 추천합니다.

내게 맞는
보험료는 얼마?

사회생활을 시작하면 제일 먼저 가입해야 한다는 보험. 그런데 막상 가입하려고 보니, 나한테 너무 많은 금액이 아닌지 고민됩니다. 아직까진 건강해서 병원에 자주 가지도 않는데 말이죠. 내 월급 수준에 맞는 보험료, 어느 정도가 적당할까요?

보험료는 '니즈'에 따라 달라진다

보험은 장기간 고정적으로 들어가는 비용이므로 가입도 중요하지만, 유지하는 일도 중요합니다. 높은 보험료 부담을 이기지 못하고 중간에 해약하는 경우가 상당하기 때문입니다. 그러므로 적정한 보험료 수준에서 가입해야 만기까지 가져갈 수 있습니다.

보장에 필요한 적정한 수준의 보험료는 일반적으로 월수입의 5~10%로 알려져 있습니다. 그러나 개개인의 생각과 재무상태가 다른 만큼 정해진 공식은 없습니다. 어디까지나 보편적인 기준이므로 참고만 해도 됩니다.

1. 적은 보험료로 기본 보장만 하고 싶다면

보험료가 부담된다면 최소한의 안전장치인 실손의료보험만은 꼭 가입하길 권장합니다. 20대 여성이라면 월 보험료가 몇천 원 대에서 1만 원 초반이니, 여유가 없더라도 들어두는 편이 좋습니다. 이때는 단독실손으로 가입하면 됩니다.

최소한의 보장을 갖추려면 실비와 상해를 합쳐 4만 원 정도가 적당합니다. 소득이 많지 않은 20대 초중반 분들은 질병 위험보다는 상해 위험이 상대적으로 높기 때문에, 실비+상해로 기본만 준비하면 됩니다. 나중에 여유가 생기면 질병 보장을 추가하세요.

2. 건강은 내 재산, 풀옵션 보장을 받고 싶다면

이왕 가입해야 한다면 가장 좋은 보장 조건으로 가입하겠다고 생각하는 분도 많습니다. 이때는 실비+상해+질병을 8~12만 원 수준의 종합보험을 갖추면 됩니다. 기존에 가입한 보험 내역을 정리해서 중복되는 보장이 없는지 확인하고, 부족한 보장을 채우는 보험 리모델링을 병행하는 것이 좋습니다. 이 과정에서 불필요한 특약을 해지하는 것만으로도 보험료를 낮출 수 있습니다.

30대에 들어섰다면 암보험을 추가하는 게 좋습니다. 종합보험에는 암 보장이 기본으로 포함되어 있지만, 보장금액이 충분하다고는 볼 수 없기 때문입니다. 남자 기준으로 실비+상해+질병을 합친 종합보험 10만 원, 그리고 암보험 5만 원을 추가해 15만 원 선이면 충분합니다.

'갱신형'이란 단어를 주의하라

보험에 새로 가입할 때는 갱신형인지, 비갱신형인지를 꼭 체크해야 합니다. 장기간 보험료를 납입해야 하는 20~30대에게는 비갱신형으로 가입하는 게 장기적으로 유리합니다.

갱신형이란 보험료 갱신 시점마다 납입 금액이 다시 책정되는 방식을 가리킵니다. 비갱신형은 20~30년에 달하는 납입 기간을 채우면 80~100세까지 보장을 받지만, 갱신형은 보장 기간 동안 납부를 계속해야 합니다. 초기 보험료는 저렴하지만 장기적으로 꾸준히 인상되므로, 경제력이 떨어지는 노년에는 보험료가 부담스러운 수준으로 높아질 수 있습니다.

암보험과 같이 보험금이 정해져 있는 보험이라면 비갱신형으로 가입하는 편이 좋습니다. 갱신형보다 보험료가 높아 처음에는 부담되겠지만, 보험료가 변동되지 않으므로 장기적으로 저렴하거든요. 특히 이러한 비갱신형은 나이에 따른 보험료 상승이 큰 편이므로, 가입 시점이 빠를수록 유리합니다. 적은 보험료로 더 오랜 기간 보장을 받을 수 있기 때문입니다.

25

저축 대신
종신보험은 어떨까?

오랜만에 연락이 와, 반갑게 만난 지인. 어떻게 살고 있냐고 물으니, 재무설계사라고 합니다. 저축도 해야 하고 노후 대비도 해야 하고 돈 얘기로 이야기 꽃을 피우다 보니, 지인이 뭔가를 불쑥 내밉니다. 노후 준비엔 이게 딱 이라며 그가 내민 상품은 바로 '종신보험'. 믿어도… 되는 건가요?

알고 보니 종신보험? 당신이 생각한 그게 맞나요?

종신보험은 절대 저축으로 착각하면 안 됩니다. DSLR 카메라를 사
러 갔다가 직원 설명에 넘어가 스마트폰을 구매하는 일과 같습니
다. 카메라에 메신저에 인터넷까지 된다며 휴대폰을 사 왔다면, 그
선택에 만족할 수 있을까요?

저축하려고 큰 맘 먹고 상품 가입했는데 그게 종신보험이다? 종신보험도 어쨌거나 보험료의 일부분은 저축이 되지만, 태생 자체에 사망 보장을 포함한 보장성 보험으로 생각해야 합니다. 저축을 목적으로 가입하는 저축성 보험으로 보기 어렵다는 뜻입니다. 목돈을 모으려고 꾸준히 돈을 모으는데, 그게 다른 데로 새어 나가는 셈입니다. 아직 종잣돈을 모아야 하는 입장이라면 종신보험 가입은 가능하면 미뤄 두세요.

종신보험이란 말 그대로 종(終)신(身), 즉 목숨이 끝났을 때 사망보험금을 받는 보험입니다. 하지만 당사자는 이미 사망한 다음이므로 보험금은 남겨진 가족들이 받게 됩니다. 일반적으로 가정의 생계를 책임지는 30~50대 남성이 만일의 사태를 대비해 가입하는 일이 많습니다. 하지만 그 말은 아직 부양할 가족이 없다면 굳이 가입할 필요가 없다는 이야기도 됩니다.

이처럼 사망보험금만 탈 수 있는 종신보험이라면 가입률이 높지 않을 겁니다. 그래서 보험사에서는 연금이나 저축성 상품으로 전환 기능을 넣어 다양하게 활용할 수 있다고 홍보합니다. 그러다 보니 보험의 내용을 완전히 이해하지 않은 상태에서 계약하는 불완전판매가 많이 이뤄지는 문제가 있습니다. 실제로 생명보험사들이 연금전환이 가능한 종신보험을 연금보험이나 저축성 보험인 것처럼 판매했다가 금융감독원의 경고를 받은 사례도 있습니다. 이름부터가 종신보험임에도 연금상품인 것처럼 설명을 들으니, 저축상품으로 알고 가입하는 경우가 허다합니다.

왜 보험사는 종신보험을 저축인 것처럼 설명해서 가입하도록 유도하는 걸까요? 여기에는 몇 가지 이유가 있습니다. 기본적으로 종신보험은 보험회사에게 가장 많은 이득을 주는 보험입니다. 보험료도 비싸고 사망 이전에는 보험금이 나갈 일도 없습니다. 가입자가 해지를 요청할 경우 돌려받는 금액은 실제 납입 원금보다 한참 부족하니 보험사 입장에서는 그만큼 이득입니다. 또 같은 금액이라도 종신보험은 연금보다 수수료가 높기 때문에, 연금보다 종신보험을 더 적극적으로 권하는 겁니다.

물론 종신보험이라는 것을 확실하게 인지하고 그 기능을 활용할 생각으로 가입했다면 아무 문제가 없습니다. 하지만 대부분 잘 모르고 가입하는 경우가 많으니 주의해야 합니다.

종신보험 확인법

1. 보험증권의 상품명에 '종신보험'이라고 쓰여 있다.

2. 종신보험이라는 말이 없더라도 사망보험금(주계약)이 크다.

3. 기본 보험료만 납입 시 해지환급금 표를 보면 납입 원금만큼 쌓이는 데 10년 이상이 걸린다.

26

노후연금,
지금부터 준비할 필요 없다고?

80세를 넘어 이제 100세 시대라는데, 우리가 받을 수 있는 연금은 국민연금과 퇴직연금이 전부라면 어떻게 해야 할까요? 이것만으로는 턱없이 부족하니 개인연금을 필수로 준비해야 한다던데, 이 연금은 대체 언제부터 준비해야 할까요?

노후준비, 서두를 필요 없다

수많은 재테크 책이나 전문가들은 노후를 대비하라며 일찍 연금을 준비하라고 강조하지만, 저는 반대로 종잣돈을 모으고 자산을 불려 나가야 할 20대라면 연금 가입을 서두르지 말라고 권합니다. 연금이 필요한 이유와 연금 선택법을 읽고 나면, 그 이유를 알게 될 겁니다.

공시이율연금을 하면 안 되는 이유

사람들은 항상 안전한 투자를 원합니다. 그래서 투자형인 변액연금보다 안정적인 이자를 받는 공시이율연금을 많이 선호합니다. 공시이율연금을 가입하신 분이라면 이런 표를 본 적 있을 겁니다.

나이	납입 원급	공시이율(3.8%)	표준이율(3.5%)	최저보증이율(1.5%)
25세	200,000	–	–	–
…	…	…	…	…
35세	24,000,000	26,400,000 (110%)	25,920,000 (108%)	24,480,000 (102%)
…	…	…	…	…
65세	24,000,000	78,960,000 (329%)	69,840,000 (291%)	38,400,000 (160%)

*25세 가입, 매달 20만 원 10년 납입 시

많은 사람이 10년 동안 총 2400만 원을 내고 40년 후 약 8000만 원을 받겠다는 계산을 하고 연금에 가입합니다. 하지만 금리가 계속 떨어지는 추세이므로 긴 시간이 흐르면 최저보증이율에 가까워집니다. 그래도 3.8%로 시작하여 천천히 떨어지므로 수령액은 대략 5500만 원 수준으로 예상할 수 있습니다.

결국 40년이란 세월 동안 원금 대비 2.3배만 오른 셈입니다. 그런데 여기서 하나 더 생각해야 합니다. 물가 상승으로 인한 화폐가치 하락을 감안하지 않았거든요. 5년 전 1000원이었던 김밥이 지금은 2000원, 20년 전 200원이었던 아이스크림이 지금은 1000원입니다. 그렇다면 40년 뒤에는 물가가 얼마나 오를까요? 최소로 잡아도 3배는 오르지 않을까요? 연금은 2.3배 올랐지만 물가는 3배 이상 오르니, 연금으로 받는 돈은 실질적인 화폐 가치로 따져 보면 오히려 마이너스가 되는 것이죠.

변액연금을 하면 안 되는 이유

보험명에 '변액'이라는 단어가 있으면 보험료 일부가 펀드에 투자된다는 뜻입니다. 즉, 변액연금은 투자형 연금입니다. 장기투자는 저금리와 물가상승률을 감안해야 하니, 무조건 투자형 상품이 유리합니다. 그런 이유에서 변액연금은 공시이율연금보다 조금 낫습니다.

하지만 공시이율연금보다 좋을 뿐이지 변액연금 자체를 추천하지는 않습니다. 변액연금은 '연금'이라는 노후대비 목적형 상품이므로 안정적인 투자를 지향합니다. 따라서 안정적인 채권형 펀드에 보험료의 50~70%가 묶입니다. 즉, 꾸준한 수익을 올리지만 수익이 크지 않으므로 물가상승률을 따라잡기엔 역부족입니다.

그렇다면 노후준비를 어떻게 해야 할까?

연금은 미래에 매달 얼마를 받을지 정해져 있는 상품입니다. 평균수명이 계속 길어지는 20대의 경우, 너무나 긴 시간을 투자해야 하는 상품이죠. 50년이라는 긴 시간이 흐르는 동안 물가가 얼마나 상승할지 모르니, 연금은 수령시기가 가까워졌을 때 준비하는 것이 안정적입니다. 화폐가치가 어떻게 변하든 항상 그 시대에 맞는 연금은 존재하기 마련입니다. 그렇다면 지금은 착실히 목돈을 모으고 나중에 나이가 들어서 그 당시 화폐가치에 맞는 연금에 가입해도 늦치 않습니다.

　다만 비과세 장기상품의 혜택을 고려하면, 목돈 마련 목적으로
는 보험사의 투자형 상품이 가장 좋습니다. 대표적인 상품으로는
'변액유니버셜보험'을 들 수 있습니다.

27

비과세 통장이라는 저축성 보험, 진짜일까?

보험에는 가입자 신체에 대한 보장을 받는 '보장성 보험'만 있는 게 아닙니다. '목돈 만들기' 상품으로 알려진 '저축성 보험'도 많이 나와 있지요. 저축성 보험에 대한 설명을 듣다 보면 '비과세 통장'이라는 이야기가 계속 나옵니다. 무시무시한 세금에게서 벗어날 수 있다고요? 정말 그럴까요?

보험은 보험인데 저축이 된다고?

우리가 흔히 아는 보험은 건강과 관련된 '보장성 보험'을 가리킵니다. 하지만 보장성 보험이 아닌 '저축성 보험'도 다양하게 찾아볼 수 있습니다.

국민연금과 퇴직연금으로는 부족한 부분을 채워주는 노후대비 개인연금보험, 그리고 흔히 '목돈 만들기'라는 이름으로 불리는 저축보험이 대표적인 저축성 보험입니다. 이런 상품들은 10년 이상 길게 보고 납입하는 장기투자용입니다. 아무리 짧게 잡더라도 5년 이상 납입해야 효과를 누릴 수 있습니다. 사업비를 먼저 떼어가는 보험의 상품

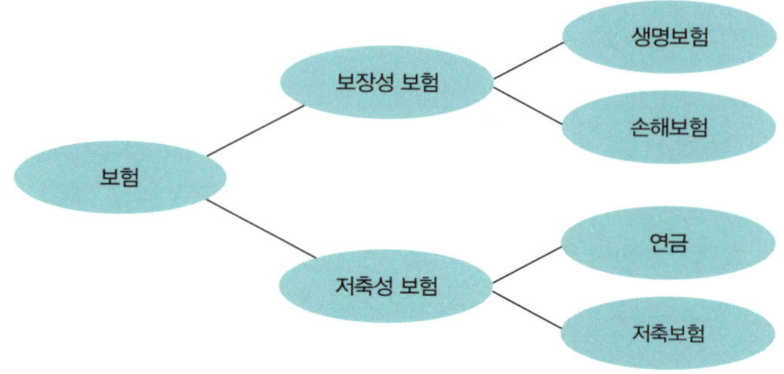

구조상, 가입자가 매달 내는 보험료를 굴려서 목표한 수익에 도달하는 데 오랜 시간이 걸리기 때문입니다.

저축성 보험, 비과세 혜택은 OK 통장 기능은 NO

저축성 보험이란 은퇴 후 생활자금이나 목돈 마련을 위해 만들어진 보험 상품입니다. 보장성 보험처럼 보장 범위에 해당하는 상해/질병이 발생해야만 지급되는 것이 아니라, 처음 계약 시 설정한 만기가 되면 보험금이 나오는 구조입니다. 은행의 적금과 같은 방식이지만, 보통 5년 이상 납입하는 장기 저축상품으로 보면 됩니다. 이 저축성 보험은 비과세에 해당하는데, 10년 이상 유지해야 한다는 조건이 있습니다. 저축성 보험 가입 시 가장 많이 듣는 말, 바로 '비과세 통장'이라는 설명은 이 부분 때문에 나온 겁니다. 비과세란 말 그대로 과세가 없다는 뜻, 즉 이자소득세가 면제된다는 뜻입니다. 국내 이자소득에 붙는 15.4%의 세금이 빠지는 것만으로도 수익이 높아지는 효과가 있습니다. 게다가 선진국은 이자소득세가 우리나라에 비해 훨씬 높다는 점에서, 향후 비과세의 메리트는 더 커질 것으로 예측됩니다.

그런데 저축성 보험은 비과세 혜택은 받을 수 있지만, 통장이라고 볼 수는 없습니다. 10년 유지 시 비과세는 맞지만 수시입출금이 가능한 통장은 아니기 때문입니다. 통장의 가장 중요한 기능은 바로 수시입출금, 즉 어느 때나 돈을 맡기고 빼는 금고 역할입니다. 하지만 보험의 경우 납입 기간이 끝나면 더 이상 돈을 넣을 수 없습니다. 저축성 보험은 보통 납입 기간을 10년으로 설정하는데, 그 기간이 지나면 출금만 가능한 반쪽짜리 통장이 되는 겁니다. 기껏 10년 동안 손 안 대고 힘들게 비과세로 만들었는데 돈을 묶어 놓거나 인출하는 것밖에는 활용할 방법이 없는 겁니다. 즉, 비과세의 메리트가 현저히 감소합니다. 이러한 점 때문에 비과세 통장이라는 설명은 일부만 맞고 일부는 틀립니다.

평생 통장을 준비한다면 변액유니버셜보험으로

이 아쉬움을 약간이나마 보완해 주는 상품이 한 가지 있습니다. 바로 변액유니버셜보험, 일명 VUL(Variable Universal Life insurance)이라 불리는 상품으로, 장기상품 하나를 준비한다면 이 상품을 추천합니다. 변액유니버셜보험은 내가 내는 보험료가 펀드에 투입되어 그 실적으로 수익을 낸다는 점에서 변액연금과 유사하지만 몇 가지 중요한 차이점이 있습니다. 변액유니버셜보험은 의무 납입 기간이 12년으로, 그 이후에는 자유납 방식입니다. 따라서 10년을 유지하여 비과세 혜택을 적용받고, 의무 납입기간 이후로는 중도인출과 자유납입 기능을 활용해서 비과세 통장의 장점을 최대한 활용하는 겁니다. 게다가 변액연금과 달리 공격적 투자로 높은 수익을 올릴 수 있다는 점에서 젊은 세대에 적합합니다.

이처럼 현실적으로 비과세 통장은 변액유니버셜보험(국내 보험사는 변액적립보험) 하나뿐이니, 비과세라는 설명에 혹하지 말고 꼼꼼하게 조건을 따져 보세요.

28

모르면 호갱님 되는 추가 납입 기능?

수수료는 낮추고 혜택은 배로 보는 기적의 보험 레시피! 저축성 보험의 효과를 두 배로 누리는 비법, 추가 납입을 소개합니다.

무지막지한 수수료, 사업비의 정체

보험의 경우 초반에 어마어마하게 수수료를 떼어 갑니다. 이 수수료를 '사업비'라고 하죠. 이 사업비는 보험사가 영업에 사용하는 비용으로 설계사 수당, 판매촉진비, 점포운영비, 직원급여, 수금비용등으로 구성되어 있습니다. 그 많은 걸 왜 가입자가 부담해야 하나 싶지만, 한두 사람이 아닌 수백 수천 명의 보험료를 관리하는 데 쓰이는 돈이므로 어쩔 수 없습니다. 저축성 보험의 사업비는 보통 보험료의 7~17%를 차지합니다. 보험사마다, 보험 상품마다 천차만별이지만 10% 정도는 염두에 두고 계산하세요. 물론 이건 위에서 소개한 저축성 상품의 경우고, 보장성 상품은 사업비가 훨씬 더 큽니다. 그러니 보장성 상품은 절대 저축으로 착각하면 안 됩니다.

즉, 내가 내는 보험료의 10% 정도는 사업비로 빠져나가는 것입니다. 매달 보험료를 100만 원씩 내면 매달 10만 원이 빠지고 순보험료로는 90만 원밖에 쌓이지 않는 것이죠. 그러다 보니 보험은 처음에 마이너스에서 시작하게 됩니다. 그래서 원금 회복하는 데 보통 6~7년이라는 시간이 걸리는 것입니다.

사업비를 줄여라, 추가납입으로!

이 10% 너무 많이 떼어 가는 거 같죠? 매달 30만 원씩 납입한다면 그중 사업비가 3만 원이라는 소리니까요. 이게 쌓여서 1년이면 36만 원, 10년이면 360만 원, 결코 우습게 볼 수준이 아닙니다. 하지만 이런 '깡패 같은' 수수료를 줄이는 방법이 있습니다. 바로 '추가납입' 기능입니다.

추가납입은 기본 보험료에 더해 추가 금액을 자유롭게 내는 방식입니다. 일반적으로 기본 보험료의 2배까지 추가로 낼 수 있습니다. 예를 들어서 알아볼까요? 매달 30만 원씩 보험료를 내는 A씨와 매달 10만 원씩 보험료를 내고 추가납입으로 20만 원을 더 내는 B 씨가 있습니다. 둘 다 똑같이 매달 30만 원씩 납입하지만, 내는 방식에서 차이가 발생합니다. A씨가 내는 보험료에서는 사업비 명목을 30만원의 10%인 3만원을 보험회사에서 가져갑니다. 실제로 저축을 위해 쌓이는 돈은 27만 원인 거죠. 추가납입을 활용한 B씨는 어떨까요? B씨의 보험료에서 떼어 가는 사업비는 기본계약 금액인 10만원에서만 지급됩니다. 보험금을 위해 쌓이는 돈이 30만 원 중 29만 원으로, A씨보다 훨씬 많습니다.

이처럼 똑같이 30만 원을 납입해도, 추가납입을 하지 않으면 10% 사업비를 그대로 부담하고 추가납입한 사람은 3.3%의 수수료만 냅니다(추가납입 수수료 0%일 경우). 대부분의 보험사의 추가납입 수수료는 2~3%지만, 사업비보다 훨씬 저렴하므로 추가납입은 매우 중요합니다. 또한 회사에 따라 추가납입수수료가 아예 없는 상품도 있으니, 계약 전에 꼼꼼히 살펴 보세요.

추가납입을 잘 알려 주지 않는 이유

이 부분을 꼼꼼하게 알려주는 설계사는 현실적으로 많지 않습니다. 월 30만 원짜리 상품에 가입하면 30만 원에 대한 수수료를 받는데, 10만 원으로 가입하고 20만 원을 추가 납입하면 10만 원에 대한 설계사 수당만 나옵니다. 추가납입은 설계사에게 이득 될 게 없으니 자세히 설명하지 않는 경우가 많습니다. 또 다른 이유로는, 고객의 소득이 높아지고 여유가 생기면 지금 가입한 상품 이외에도 새로운 상품에 가입할 가능성 때문입니다. 만약 추가납입이 가능하다는 걸 알면 굳이 새 상품에 가입하지 않고, 기존 상품에 돈을 넣는 경우가 더 많겠죠. 그 때문에 추가 납입을 설명하고 적극 권하는 양심적인 설계사도 있지만, 이 부분을 살짝 언급하는 정도에 그치고 넘어가는 설계사도 있습니다. 그런 만큼 추가납입은 '호갱님'이 되지 않기 위해서 스스로 꼭 챙겨야 하는 부분입니다.

추가납입 활용법

추가납입은 보통 2배까지 가능합니다. 저축성 보험에 매달 30만 원을 낼 계획이라면 기본 10만 원으로 가입하고 추가납입 20만 원을 넣기보다는, 기본 15만 원으로 가입하고 추가납입 15만 원을 넣는 편이 좋습니다. 왜 처음부터 추가납입을 완전히 활용하지 않느냐고요? 지금보다 월급이 오르거나 보너스가 생겼을 때를 대비한 겁니다. 소득이 많아지는 만큼 더 붓고 싶어질 테니까요. 더 이상의 추가납입이 안 돼서 새로운 상품으로 눈을 돌리는 것보다 이렇게 여유를 두고 설정하는 편이 넉넉합니다.

PART 5

미리미리 준비하는 마이 스위트 홈

독립을 꿈꾸는 당신을 위한 내 집 장만 준비코스

전세자금부터 주택청약 신청법까지,

첫 월급부터 준비하는 마이 홈 플랜

내 집 마련, 꼭 필요할까?

무시무시한 월세! 차라리 대출받아 전세로 살까?

주택담보대출, 어떻게 받을 수 있을까?

주택청약 1순위, 어떻게 쓰면 될까?

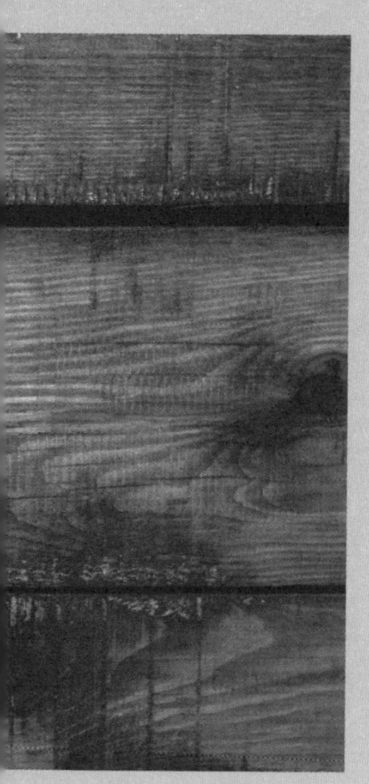

내 집 마련, 꼭 필요할까?

무시무시한 월세! 차라리 대출받아 전세로 살까?

주택담보대출, 어떻게 받을 수 있을까?

주택청약 1순위, 어떻게 쓰면 될까?

29

내 집 마련,
꼭 필요할까?

우리나라 사람들은 집에 대한 애착이 굉장히 강합니다. 평생소원이 '번듯한 내 집 마련'인 사람이 한둘이 아니니까요. 안타깝고도 슬픈 이야기지만, 평생 내 집을 갖지 못하는 사람도 상당히 많습니다. 그런데 이 소원이 부모님 세대와는 상황이 다른 우리 세대에게도 똑같이 적용될까요?

집은 투자가 아닌 주거를 위한 것

너무 평범한 답변인가요? 사실 위 답변에 모든 설명이 포함되어 있습니다. 앞으로 부동산 시장이 어떻게 되리라 예측하시나요? 내로라하는 전문가들도 오른다/떨어진다 양쪽으로 나뉘어 치열하게 토론하는 어려운 문제입니다. 그중 많은 사람들이 꼽는 주장을 보자면, 고령화와 저출산 문제가 겹친 우리나라 인구 구조상 집값이 떨어질 확률이 높다는 겁니다. 물론 교통, 학군 등의 이점을 잘 갖춰서 오르는 곳도 있겠지만, 전체적으로는 떨어진다는 예측이 대세입니다.

그렇다고 '에잇, 집값이 떨어질 때까지 계속 기다릴 거야!'라고 손 놓고만 있을 건가요? 집값이 떨어지는 대신 그대로 유지될 수도 있고, 또 그때까지 전월세에 살면서 나가는 주거비, 그리고 2년마다 오르는 전월세 보증금은 어떻게 감당할 건가요?

만약에 집을 구매했는데 집값이 오른다면 바로 살던 집을 팔 건가요? 보통은 그러는 대신, 그 집에서 계속 사는 분이 많죠. 전셋집도 아닌 내 집이니 집값이 오르더라도 10년, 20년 오래도록 사실 거잖아요. 같은 이유로, 집값이 크게 떨어지지 않는 한 팔거나 이사 가는 분도 많지 않겠죠? 결국 내가 살 집이라면, 집값이 떨어지건 오르건 소폭으로 오르내리는 건 크게 상관 안 해도 됩니다.

만약 구입 시 대출을 받았다면 달라질까요? 그렇지 않습니다. 집값이 오르건 오르지 않건 갚아야 할 원금은 똑같습니다. 오히려 중요한 건, 무리해서 대출을 받지 않아야 한다는 점입니다. 어차피 몇십 년 살 집, 그 집을 팔아 갚을 것도 아니니까요.

집값에 신경을 쓰는 것은 집을 투자의 대상으로 보기 때문입니다. 단순히 주거의 목적으로만 생각하면 집값 등락에 크게 고민할 필요가 없습니다. 나와 내 가족이 원하는 장소에 원하는 규모의 적당한 집이 있으면 되는 거니까요.

'내 집'이 주는 안정감은 무시할 수 없다

집의 가장 중요한 목적은 '주거', 그리고 나와 내 가족에게 '안정감'을 주는 게 가장 큽니다. 전세 계약 2년이 끝나면 그새 오른 전세금이 고민되고 매번 이사 갈 집 알아보기도 번거로우니, 그러기보다는 안정적인 내 집을 보유하는 게 현명한 선택입니다.

그래서 저는 집을 주거 목적으로 한 채만 구입하는 것이 바람직하다고 봅니다. 처음엔 적당한 집에서 전세로 살다가 어느 정도 시간이 지난 뒤 내 가정에 맞는 알맞은 주택을 선택하여 구매하는 식이죠. 결혼하면서 작은 집을 산 후, 다시 가족이 늘어 더 큰 집이 필요해서 매매를 거듭하는 것보다는 안정적이지요. 자꾸 집을 사고 팔고 하다 보면 집값의 등락에 신경을 쓰게 되어 투자에 가까워집니다.

그러니, 무턱대고 집을 구매하기보단 현금을 잘 보유하여 부동산 경매를 통해 내가 원하는 적당한 매물을 사거나 혹은 경제 위기 시 보유한 현금으로 싼 가격에 좋은 집을 구매하는 것이 가장 올바른 방법입니다.

생각 없이 무리한 대출로 집을 사는 것만큼 어리석은 재테크는 없습니다. 하우스푸어, 남 얘기가 아닙니다.

무시무시한 월세!
차라리 대출받아
전세로 살까?

옛말에 "집 나가면 개고생"이란 말이 있죠? 독립해서 자취를 시작하면 그만큼 시련과 고난, 외로움이 찾아오는데, 그 원인은 대부분 '돈'에서 비롯됩니다. 비싼 월세를 내고 사느니 전세자금대출을 받을까 하는 고민이 들 겁니다. 과연 어느 쪽이 유리한 걸까요?

월세를 낼까, 은행에 대출이자를 낼까?

독립을 꿈꾸며 알아본 월셋방, 생각보다 금액이 만만치 않습니다. 지방에 오래 사셨던 분들은 비싼 수도권의 월세에 깜짝 놀랐을 겁니다. 서울이든 지방이든 월세라는 고정적인 주거 비용은 사회초년생에게 많은 부담이 됩니다. 부모님이 전세 자금을 마련해 주신다면 참 좋겠지만, 그런 행운을 타고난 분은 그리 많지 않겠죠? 스스로 주거비를 마련해야 하는 분들이라면 필독!

많은 사람들이 '대출'이란 단어에 부담을 느껴서 전세자금대출을 꺼리는 경우가 많지만, 전세자금대출을 받을 수 있다면 전세로 계약하는 편이 좋습니다. 대출이라는 편견과 부담은 버리고, 객관적으로 주거비를 비교해 볼까요? 비슷한 시세의 월세와 전세의 주거비를 놓고 봅시다.

	전세대출금	연 대출이자(연 4%)	월 주거비
보증금 1000만 원/월세 40만 원	–	–	400,000
전세 6000만 원(80% 대출)	48,000,000	1,920,000	160,000
전세 6000만 원(70% 대출)	42,000,000	1,680,000	140,000

서울 기준 보증금 1000만 원의 월셋집에 산다면, 매달 월세 40만 원씩을 부담하게 됩니다. 그런데 전세자금대출을 받아 6000만 원짜리 전세에 살 경우, 월 주거비는 16만 원 이내로 절반 수준이 됩니다. 세 들어 사는 사람 입장에서는 월세를 내는 것보다 대출을 받아 이자를 은행에 납부하는 편이 유리하다는 뜻입니다. 저금리가 계속되면서 전셋집은 줄고 월세가 늘고 있지만, 전세로 계약할 수 있다면 단연 전세가 훨씬 유리합니다.

또한 대출상환방식을 만기일시상환으로 설정해서 매달 이자만 낸다면, 부담도 크지 않습니다. 전세자금대출은 어차피 전세 계약이 끝나면 도로 갚으면 되니, 이자만 내도 상관 없습니다.

단, 전세계약의 경우 2년 뒤 재계약 시 전셋값이 오를 것에 대비해야 한다는 단점이 있습니다. 그동안 모은 돈으로 충당할 수 있다면 좋겠지만, 요즘처럼 전셋값이 가파르게 오르는 시기에는 준비한 이상으로 오를 가능성도 큽니다. 이때는 전세자금 추가대출을 알아봐야 하는데, 정부에서 시행하는 버팀목전세자금대출을 이용한다면 1억 원(수도권 기준, 지방은 8000만 원) 한도 내에서 추가 대출이 가능합니다. 만약 시중은행을 이용한다면 조건이 까다롭기 때문에 사전에 대출한도와 필요 서류를 꼼꼼하게 확인하고 계획을 세워야 합니다.

전세자금대출을 꾸준히 상환했다면 연말정산 혜택도 놓치지 마세요. '원리금상환액'의 40%를 소득공제로 처리할 수 있습니다. 예를 들어 대출금을 매달 20만 원씩 갚았다면 1년 치 상환금 240만 원의 40%인 96만 원을 소득공제 받습니다. 실질적으로 월세는 연말정산 신청하기가 쉽지 않지만(집주인과의 관계를 고려하자면, 현실적으로 쉽지가 않습니다) 전세자금대출은 연말정산 신청과 환급도 어렵지 않습니다.

> ▶ 전세자금대출 기본 서류
> · 임차목적물 등기부등본
> · 임차보증금의 5% 이상 납부
>   영수증 (계약금 영수증)
> · 주민등록등본
> · 소득증명서
> · 직장인 – 재직증명서
>   자영업자 – 사업자등록 증명서

전세자금대출 체크리스트

이렇게 전세가 유리하단 결론을 듣고 나니, 전세자금대출에 갑자기 관심이 가는 분이 많을 겁니다. 대출 신청하러 부동산과 은행에 달려가기 전에, 유의사항 몇 가지를 짚고 넘어갈까요?

1. 집주인의 동의를 얻어라

필수는 아니지만, 집주인의 동의가 있고 없고의 차이가 전세자금대출의 한도를 정하는 경우가 있습니다. 전세자금대출의 금리가 비교적 저렴한 편이다 보니, 은행에서는 신청자가 혹시 대출금을 실제보다 많이 신청해서 다른 데 쓰는 게 아닌지 혹은 전세 계약이 끝나도 돈을 갚지 않는 게 아닐지 걱정합니다. 그 때문에 집주인의 동의가 없으면 예상보다 대출이 적게 책정됩니다. 그렇기 때문에 계약 만료 후 집주인이 전세금을 세입자한테 직접 돌려주는 대신, 은행에 곧바로 상환하기로 약속하는 것입니다.

2. 신용도를 확인하자

'신용등급', 참 많이 들어본 단어인데, 이게 언제 왜 필요한지 몰랐죠? 드디어 등장했습니다. 신용등급은 '대출'을 위해 책정된다고 해도 과언이 아닙니다. 신용등급이 좋으면 대출 한도가 높게 나오고 금리도 할인됩니다. 전세자금대출을 받기 위해선 적어도 6~7등급은 되어야 합니다.

3. 내게 맞는 대출 상품을 찾아라

대출금리가 낮은 곳부터 알아봅니다. 국민주택기금의 버팀목전세자금대출이 가장 저렴합니다. 이 제도는 과거 저소득층, 서민, 근로자전세자금 대출상품이 통합되어 운영되는 상품입니다. 중도상환

	신청자격	대출한도	대출금리	중도상환수수료
버팀목전세자금 (국민주택기금)	부부 합산 연 소득 5000만 원 이하의 무주택 근로자	임차보증금의 70% 이내 수도권 1억 원, 지방 8000만 원	연 2.3~3.1%	없음
일반전세자금 (시중은행)	임차보증금의 5% 이상을 계약금으로 지급한 세대주	임차보증금의 80% 이내	연 2%대 후반 ~3% 대	상환 기간에 따라 다르게 부과

*보험사·제2금융권은 시중은행에 비해 금리가 높습니다.

수수료가 없고 계약 연장을 최대 10년까지 할 수 있어 조건이 좋은 대신 신청 조건이 까다롭습니다.

4. 대출금은 전세금의 최대 80%까지

전세금의 최소 20%는 직접 마련해야 한다는 뜻입니다. 계약하고자 하는 집의 전세가격이 6000만 원이라면 그중 1200만 원은 본인이 부담해야 합니다. 정 안 되면 나머지 금액을 신용대출로 대신하는 방법도 있지만, 이자 부담이 높아집니다.

5. 변동금리를 선택하자

어차피 전세자금대출은 기간이 길지 않으므로(2년), 고정금리에 비해 금리가 낮은 변동금리가 유리합니다.

31

주택담보대출, 어떻게 받을 수 있을까?

전월세에서 벗어나 주택을 구매하기로 결정을 내리고 나면 막막합니다. 요즘 같이 아파트 한 채가 기본 2억을 훌쩍 넘는 시대에, 혼자 힘으로 집을 마련하는 사람은 거의 없으니까요. 사회생활을 몇 년 하지 않은 30대가 모은 돈으로는 턱없이 부족하죠. 그래서 많은 사람이 선택하는 '주택담보대출'에 대해 알아봅시다.

전세나 매매 가격이 크게 차이가 나지 않아, 집을 사기로 결정했습니다. 출퇴근 시간은 어느 정도 감안하고, 시 외곽 쪽 저렴한 아파트로 가려고요. 아무리 저렴한 집으로 간다고는 해도, 모아 놓은 돈으로는 부족해서 대출을 받으려 합니다. 그런데 저도 그렇고 예비신부도 금융 쪽은 문외한이라, 어디서부터 알아봐야 할지 막막하네요.

A. 부의 방정식

주택구입이 목적이시라면 무엇보다 '주택담보대출'을 알아보시면 됩니다. 금리는 보통 2~3%대로, 대출 가운데서도 낮은 편입니다. 개개인의 상황에 따라 다르지만, 일반적으로 주택 가격의 최대 80%까지 대출이 가능합니다. 그러니 우선 주거래 은행에 가서 상담을 받아보세요.

주택담보대출 똑똑하게 받으려면?

우리 20, 30대가 순수 본인이 번 돈만으로 집을 사기는 쉽지 않습니다. 어쩔 수 없이 대출 찬스를 써야 한다면 가장 유리한 조건으로 대출 받는 법을 알아봅시다.

주택담보대출은 금액이 상당히 큽니다. 최소 몇천만 원에서 억 단위까지 빌리는 경우가 허다하니, 단 0.1% 금리 차이에도 1년에 몇 십만 원씩 이자가 달라집니다. 그래서 주택담보대출의 핵심은 언제나 '최저 금리'입니다. 또한 금융사별, 은행별, 지점별로 금리가 천차만별이니 꼼꼼한 사전조사는 필수입니다.

첫 번째로 알아볼 사항은 '정부의 도움'을 받을 수 있느냐 없느냐입니다. 정부가 국민을 상대로 장사하고 이윤을 남기지는 않겠죠? 그래서 정부가 보증하는 주택기금은 세금을 바탕으로 무주택 서민을 돕기 위해 내놓은 정책이기 때문에, 일반 대출 가운데 가장 금리가 낮습니다. 물론 그만큼 정해진 조건에 해당되어야만 받을 수 있지만요.

정부 기금을 받을 수 있는지 여부는 주택도시기금 포털(nhuf.molit.go.kr)에서 확인할 수 있습니다. 대신 주의해야 할 점으로는 신청자가 30세 이상의 '세대주'여야 한다는 겁니다. 다행히도, 신혼부부 혹은 3개월 내 결혼 예정인 예비부부라면 나이 상관없이 다른 조건만 충족하면 됩니다.

내집마련디딤돌대출: 저금리 대출

대상	무주택자 / 부부 합산 연 소득 6000만 원 이하 (생애최초주택구입자는 7000만 원)
대출 기간	10년, 15년, 20년, 30년
대출 금리	연 2.5~3.1%
대출 한도	최고 2억 원 이내 (LTV, DTI 적용)

대상	생애최초주택구입자, 5년 이상 무주택자 / 부부 합산 연 소득 6000만 원 이하 (생애최초주택구입자는 7000만 원)
대출 기간	20년
대출 금리	수익형 – 연 1.5% 손익형 – 최초 5년간 연 1% 이후 연 2% (고정금리)
대출 한도	최고 2억 원 이내 (주택 가격의 최대 70%)

시중 은행에서도 대출을 받자

위 조건에 맞지 않아, 정부의 지원을 받을 수 없다면 다른 방법이 없을까요? 그렇다면 이제부터는 은행을 알아보셔야 합니다. 보험사 대출도 있고 제2금융권 대출도 있지만, 아무래도 금리가 저렴한 건 역시 시중은행입니다. 주택담보대출같이 큰 금액은 꼭 은행에서 신청하세요. 사소해 보이는 금리 차이가 일 년에 몇백만 원의 이자 차이를 부릅니다.

시중 은행에서 대출을 받으려면, 어디에서 대출을 신청해야 할까요? 여러 곳에 신청을 넣어 조건을 비교하세요. 주택담보대출의 경우, 이용 실적이 없는 은행에도 대출 신청을 넣을 수 있기 때문입니다. 월급통장/주거래/기타 은행 이렇게 세 곳에서 신청을 해서 가장 유리한 조건을 선택하는 것이 올바른 주택담보대출 선택법입니다. 물론 은행실적(급여이체, 예/적금, 주택청약 등 금융상품, 신용카드)이 있으면 대출 금리를 낮게 받을 가능성이 높습니다.

담보대출 조건을 비교할 땐 금리가 제일 중요하지만, 함께 확인
해야 할 다른 조건도 있습니다.

1. 담보유형

담보 유형에 따라 한도와 금리가 각각 다르게 설정됩니다. 아파트,
빌라, 오피스텔, 다세대, 주택 등 주거 형태 및 거래 시세에 따라 달
라집니다. 이때 대출금액 한도를 정하는 기준으로는 'KB부동산알
리지'(nland.kbstar.com)를 통해 알아 보면 됩니다. PC만이 아니라
모바일로도 조회 가능합니다.

2. 만기지정옵션

대부분 거치기간, 즉 원금은 상환하지 않고 이지만 납부하는 기간
을 설정하면 0.1~0.3% 정도 금리가 가산됩니다. 아무리 적은 퍼센
티지라도 대출 원금이 많다면, 실제 납부하는 이자가 부담되겠죠?
그럴 때는 만기지정옵션을 활용하면 됩니다. 대출금의 10~60%는
이자만 납부하고, 나머지는 원금과 함께 갚아 나가는 방식이지요.
그러면 거치기간을 두는 것보다는 이자 부담이 덜 하고, 월 납입금
도 줄게 됩니다.

3. 중도상환수수료

보통은 중도상환수수료가 정해져 있지만, 대출원금을 3년 이내 매

년 10~30%씩 중도에 상환할 경우 수수료가 면제되는 옵션이 있습니다. 금리가 같다면 중도상환면제비율이 높은 쪽이 유리하겠죠? 요즘 같은 저금리 시대에는 나중에 전환대출을 활용할 지 모르니, 중도상환수수료 기간이 짧을수록 좋습니다.

4. 근저당설정비

담보대출 근저당을 설정할 때는 별도 비용이 발생합니다. 대출금의 약 0.6~0.7%으로, 보통 1억 원 대출하면 60~70만 원이 듭니다. 여기에는 등기비, 감정평가 수수료, 법무사 수수료, 인지세 등이 포함됩니다. 이 비용은 보통 은행이 부담하니, 대출 상담을 받으며 확인하시면 됩니다.

은행의 끼워 팔기, 어떻게 대처해야 하나?

대출상담을 하다보면 이러한 대출금리를 가지고 은밀한 제안을 하는 경우가 많습니다. '어떤 금융상품을 가입하거나 급여 이체를 신청하면 낮은 금리를 적용해주겠다'라는 권유가 대부분인데, 이런 걸 흔히 전문용어로 '꺽기'라고 부릅니다. 개인 상황에 맞게 잘만 활용하면 금리가 상당히 낮아지니, 급여 이체나 자동 이체 등 손 쉬운 조건을 활용해 보세요.

대출받을 때 필수! LTV와 DTI란?

LTV(loan to value ratio) : 담보인정비율. 은행이 부동산을 담보로 돈을 빌려줄 때, 담보 물건의 실 가치 대비 대출금액 비율을 가리킵니다. 모든 금융권에서 70% 적용됩니다. 쉽게 말해 집값의 70%만 빌려준다는 뜻입니다. 집값이 3억 원이라면 최대 2억1000만 원 까지만 대출 신청할 수 있습니다.

DTI(debt to income) : 총부채상환비율. 주택구입자의 소득에서 대출 상환이 가능한 금액 비율. DTI 기준이 낮을수록, 담보 문건의 가치가 높더라도 소득이 높지 않으면 대출받기 어렵습니다. 모든 금융권에서 60% 적용됩니다.

연 소득 합산 금액이 6000만 원인 부부에게 DTI 60%를 설정한다면, 연간 주택담보대출 의무 원리금 상환금액이 소득의 60%인 3600만 원을 넘을 수 없다는 뜻입니다. 즉, 소득 대비 과도한 대출을 막기 위한 장치인 셈이죠.

DSR(debt service ratio) : 채무상환비율. DTI보다 강화된 주택담보대출 규제 제도. DTI가 주택담보대출의 연 소득 대비 원리금 상환액으로 평가했다면 DSR은 연소득대비 주택담보대출 원리금 상환액＋기타부채의 이자상환액까지 포함하여 평가한다.

32

주택청약 1순위, 어떻게 쓰면 될까?

주택청약 1순위자가 1000만 명이라고 하니 직장인 대부분이 가지고 있는 필수 금융상품이라고 할 수 있습니다. 그러나 주택청약 1순위라고 해도 실제로 써 본 분 있나요? 어떻게 쓰는지 모르는 분이 태반일 겁니다. 청약통장 활용법, 지금 공개합니다!

청약통장, 어디에 쓰나

길을 걷다가 "청약통장 삽니다"라는 전단지 한 번쯤 본 기억이 있을 겁니다. 하지만 청약통장 매매는 모두 불법입니다. 적발되면 형사처벌 대상인 데다가, 안 걸리고 넘어갔다고 해도 법으로 보호를 받지 못하니 통장 매매에는 눈을 돌리지 맙시다.

청약통장은 신축 주택 분양 그리고 공공주택에만 사용되므로, 주택 구입할 때 '새 아파트를 살 필요 없다'라고 생각하는 분은 굳이 유지하지 않아도 됩니다. 하지만 국가에서 지어 공급하는 공공주택(SH, LH, 보금자리주택 등)을 신청하려면 꼭 필요하니, 나중을 대비해 가입하는 게 좋습니다. 주택청약종합저축을 잘 유지했다면 이어지는 다음 단계, 청약 신청법을 알아봅시다.

주택청약 실전 활용법

분양 받고자 하는 지역과 평수에 따라 청약통장의 조건이 달라집니다. 예를 들면 수도권의 경우 12회 이상 청약 통장에 돈을 넣어야 1순위가 되는데, 지방은 6회만 넣어도 1순위 조건에 해당됩니다. 그리고 지역과 평수에 따라 청약통장에 보유해야 하는 금액도 달라집니다. 그러므로 청약 신청을 넣으려는 지역과 평수를 고르는 일이 우선입니다.

여윳돈이 있는 분은 청약통장에 1500만 원 예치금을 넣어두고 원하는 지역/평수에 청약 신청하시면 됩니다. 1500만 원을 채우면 전국 어디든 신청할 수 있거든요. 게다가 예금보다 금리가 높으니, 여유자금을 예금 대신 맡겼다고 생각해도 나쁘지 않습니다.

1. 청약을 넣자!

원하는 주택을 찾았다면 꼼꼼히 살펴본 후 청약 신청을 시작합니다. 금융결제원에서 운영하는 아파트투유(apt2you.com) 페이지 'APT청약신청' 메뉴에 들어가 신청서를 작성하면 됩니다. KB국민은행 청약통장의 경우는 KB국민은행 홈페이지에서 가능합니다.

신청 절차는 생각보다 어렵지 않으니, 지시에 따라 차례대로 작성하면 됩니다. 공공주택의 경우는 SH공사나 LH공사의 홈페이지에서 접수합니다.

언제 내가 원하는 지역의 청약이 뜰지 매번 확인할 수 없죠? 그럴 때를 대비해서 '청약알리미'가 있습니다. 입주자 모집 공고를 휴대전화 문자(SMS)로 전송 받는 서비스로, SH공사와 LH공사에서 신청하시면 됩니다. 또는 분양알리미 어플을 다운받아 쓰시면 됩니다.

2. 기적의 당첨!

치열한 경쟁을 뚫고 이뤄낸 분양 당첨을 축하 드립니다! 물론 지역별, 주택별로 경쟁률이 다르니 의외로 어렵지 않게 당첨될 수도 있지만, 인기가 많은 곳은 여전히 당첨 운이 필요합니다. 분양권을 판매할 목적이라면 더욱 투자자가 몰려들어 치열하겠죠? 또한 분양 당첨됐다고 끝난 게 아닙니다. 이제 돈 고민을 시작할 차례입니다.

3. 계약금 납입

통상 집값의 10~20%입니다. 대개 계약금을 내야 그다음에 분양권을 팔거나, 집을 살 수 있습니다. 계약금이 부족한 경우 대출 받을 수 있으니, 청약 신청 전에 미리 알아 보시는 게 좋습니다. 계약금 이후에는 중도금, 잔금 순으로 납부하게 됩니다. 미리 액수와 어떻게 낼지를 생각해 두세요!

4. 대망의 분양권 전매

분양권 전매란 쉽게 말해 분양 당첨자가 건설사와 입주 계약을 체결하고, 그 후 분양권을 다른 사람에게 파는 것입니다. 분양권을 매매하는 이유는 프리미엄 때문입니다. 아쉽게도 청약에 떨어졌지만 웃돈을 주고서라도 이 집을 꼭 구입하고 싶은 사람에게 파는 것이죠. 인기가 높은 곳은 1억(!)이 프리미엄으로 붙기도 하는데 아파트에 따라, 또 평수에 따라 그리고 층수에 따라 달라집니다.

또한 분양권 전매 제한에 유의해야 합니다. 이는 분양 계약한 후 분양권을 일정기간 동안(보통 6개월~1년) 팔지 못하도록 하는 제도입니다. 분양권 전매 제한이 없는 지역도 있으니, 청약 신청 전에 확인하세요.

5. 프리미엄은 다 내 돈이 아니다

모든 수익에는 세금이 붙습니다. 만약 분양권을 전매해 '이익'을 얻었으면 양도소득세를 내야 합니다. 이때 소득세율은 보유 기간에 따라 달라집니다. 1년 미만은 50%, 1~2년 미만은 40%, 2년 이상은 종합소득세율에 따라 6~38% 세금이 매겨집니다. 대체로 오래 보유할수록 세율이 낮아지니, 세금을 고려한다면 2년을 보유하는 게 유리합니다.

이처럼 주택청약을 활용해서 집을 사거나, 분양권을 팔고 수익을 올릴 수도 있습니다. 하지만 분양권 전매를 통한 프리미엄을 얻

프리미엄이 1억이 붙었다면?

	1년 미만	2년 미만	2년 이상
양도소득세	50,000,000	40,000,000	20,100,000
지방소득세	5,000,000	4,000,000	2,010,000
순 이익	45,000,000	56,000,000	77,890,000

고 싶은 분이라면 사전에 확실하게 알아보고 신청하세요. 만약에 당첨됐는데 프리미엄이 붙지 않거나, 사려는 사람이 없으면 굉장히 난감해지니까요.

연말정산, 마음껏 누리자

직장인이라면 매년 빼놓지 않고 거쳐 가는 연례행사,

올해도 내년에도 어차피 할 거라면 꼼꼼하게 마스터 해 놓읍시다.

직장 선배도 잘 모르는 연말정산 전격해부!

연말정산에 유리한 건 어느 쪽? 신용카드 vs 체크카드

연말정산에 유리한 금융 상품은?

조금이라도 월세를 돌려받을 수 있다고?

연말정산 기타 공제, 빼놓지 않고 챙겨 받으려면?

연말정산이 도대체 뭔가요?

연말정산에 유리한 건 어느 쪽? 신용카드 vs 체크카드

연말정산에 유리한 금융 상품은?

조금이라도 월세를 돌려받을 수 있다고?

연말정산 기타 공제, 빼놓지 않고 챙겨 받으려면?

33

연말정산이
도대체 뭔가요?

직장인이 되면 필수적으로 해야 하는 연례행사, 사회초년생은 물론이고 어느 정도 사회

생활을 경험한 직장 선배조차 몰라서 어리둥절 하는 연말정산! 이 참에 확실하게 알고

넘어갑시다.

연말정산, 원리를 알고 보면 쉽다

연말정산이 흔히 '13월의 월급'이라고 불렸던 시절이 있었습니다. 이제 '한달 치 월급은 개뿔, 13월의 폭탄'이라는 평가가 많아졌지만요. 내 돈을 쓸 데 없이 뺏기는 기분을 느끼지 않으려면, 제대로 알고 해야 합니다.

연말정산이란 매월 납부한 세금을 말 그대로 연말에 정산하는 것입니다. 지금은 연초에 실시하지만요. 비유하자면 동창 모임에서 회비를 걷는 것과 비슷합니다. 10명이 만 원씩 10만 원을 걷었는데 나중에 만 원이 남았다면 1000원씩 돌려받겠죠? 이게 연말정산의 기본 원리입니다. 매년 초에 간이세액표가 공지되면, 국가/회사는 해당 세율을 근거로 근로자에게 월급을 지급하기 전에 원천징수로 세금을 미리 떼어 갑니다. 항상 월급 명세서를 볼 때마다 느끼지만, 정해져 있는 월급에서 4대 보험이니, 소득세니 별별 세금을 떼고 나면 실제로 남는 돈은 훨씬 적어지잖아요. 이때 우리가 미리 납부하는 세금은 개개인에게 정확하게 맞춘 게 아닌, 일정하게 잡아둔 추정치입니다. 그렇게 한 해가 지나고 나서 개인별로 총 소득과 총 지출을 따져서 정확한 세금을 산출하는 것입니다. 매월 세금을 더 납부했던 사람은 그만큼 몰아서 돌려 받고, 덜 냈던 사람은 추가로 내는 것이죠.

왜 앞서서 떼어 가고는 번거롭게 나중에 돌려주느냐고요? 결과적으로는 같은 세금이 부과되더라도, 나중에 내라고 하면 사람들이 잘 낼까요? 누구라도 내고 싶은 마음이 덜할 겁니다. 게다가 이미 다 써 버려서 세금 낼 돈이 없을 수도 있으니까요. 그래서 이렇게 먼저 강탈(?)하고 나서 나중에 돌려주는 방식을 적용하는 겁니다. 즉, 연말정산은 개인별 세금을 정확하게 계산하는 과정입니다.

소득공제와 세액공제, 뭐가 다른 거야?

어떤 항목은 '소득공제'라고 하고 어떤 항목은 '세액공제'라는데, 두 방식의 차이를 이해하기 쉽지 않습니다. 소득공제, 세액공제조

차 헷갈리는데 이걸 어떻게 활용해야 할지는 더 막막합니다. 연말
정산의 중급과정에 해당하는 소득공제와 세액공제를 알아볼까요?
기본 개념은 다음과 같습니다.

소득공제 = 소득에서 빼준다 (제외한다)

세액공제 = 세금에서 빼준다 (돌려준다)

직장에 다니는 여러분의 세금은 어떻게 매겨질까요? 바로 소득
을 기준으로 정해집니다. 소득이 많다면 세금을 많이 내고, 소득이
적다면 세금을 적게 내겠죠.

소득공제 사례를 살펴볼까요? 직장인 A씨는 1년 동안 받은 3000
만 원 가운데 세금을 300만 원 냈는데, 연말정산을 해보니 소득공제
를 1000만 원 적용 받는다고 하네요. 소득공제는 소득에서 빼주는
계산법이니, 연 소득 3000만 원에서 1000만 원을 뺀 2000만 원이 과
세 소득, 곧 세금을 내야 하는 실제 소득 금액으로 잡히는 것입니다.

3000만 원(연 소득) − 1000만 원(소득공제) = 2000만 원(실질소득)

그렇다면 A씨는 원래대로라면 2000만 원에 대한 세금 200만 원
만 내면 되는데, 연 소득 3000만 원으로 미리 계산되어 세금 300만
원을 냈으니, 추가 납부했던 100만 원을 돌려받게 됩니다. 이런 식

으로 소득에서 제외하는 게 바로 소득공제입니다.

세액공제는 세금에서 돌려 준다고 했죠? 이번에도 A씨를 기준으로 들어 봅시다. A씨는 세액공제 12%인 금융 상품에 가입하여 1년간 100만 원을 냈습니다. 그러면 100만 원의 12%인 12만 원을 세금에서 돌려받게 됩니다. 이미 납부한 세금 300만 원에서 12만 원을 빼서 돌려준다는 뜻이지요. 이처럼 납부한 세금에서 돌려주는 게 세액공제입니다.

소득공제/세액공제로 나눠져 있지만, 실질적으로는 소득공제가 세액공제보다 조금 더 유리합니다. 세액 공제의 경우 보통 12%를 적용하는데, 우리 20대 직장인 대부분은 소득공제로 15%를 돌려받습니다. 그렇다면 소득공제가 세액공제로 바뀌면 약 3%를 덜 돌려 받게 됩니다. 그래서인지 과거에는 세액공제가 드물었는데, 점점 국가 세수가 부족해지니 소득공제 상품을 세액공제로 바꿔서 간접적으로 세금을 더 많이 걷는 추세입니다. 세금을 덜 돌려주는 게 곧 많이 걷는 거나 다름없으니까요.

실전 연말정산 계산법

세액공제 금융상품은 종합소득세율이 적용되지 않지만, 소득공제 금융상품은 '소득공제 금액×종합소득세율'로 계산됩니다. 여기서 종합소득세율은 수입에 따라 달라집니다. 내 연봉에 맞는 구간을 찾아서 소득공제 금액에 곱해주면 연말정산 환급 금액이 나옵니다.

이때는 종합소득세율과 세액공제율에 10%의 지방소득세가 항상
붙습니다.

종합소득세율

과세표준	세율	누진공제
1200만 원 이하	6%	–
1200만 원 초과 ~ 4600만 원 이하	15%	1,080,000
4600만 원 초과 ~ 8800만 원 이하	24%	5,220,000
8800만 원 초과 ~ 1억5000만 원 이하	35%	14,900,000
1억5000만 원 초과	38%	19,400,000

1. 연봉 3000만 원인 사람이 소득공제 100%인 금융 상품에 1년에 300만 원을 넣는 경우

300만 원 x 16.5%(종합소득세율 15% + 지방소득세 1.5%) = 49만5000원

2. 연봉 3000만 원인 사람이 세액공제 12%인 금융 상품에 1년에 300만 원을 넣는 경우

300만 원 x 13.2%(세액공제율 12% + 지방소득세 1.2%) = 39만6000원

월별로 알아보는 연말정산 스케줄

11월

연말정산 소득공제/세액공제 항목, 비율을 숙지합니다. 내 상황에 맞춰 어떤 항목을 준비할지 확인하는 과정입니다.

1월

국세청 연말정산 간소화 서비스에서 소득공제/세액공제 증명서류를 수집합니다. 국세청에서 제공하지 않는 기타 소득공제 증명서류는 각 발급기관을 통해 받아야 합니다. 신청자가 많아 기간이 오래 걸릴 수 있으니, 미리 여유 있게 준비하는 편이 좋습니다.

2월

회사에서 주는 소득공제 신고서를 작성합니다. 이때 1월에 수집한 소득공제 증명서류를 첨부합니다. 2월 말에는 연말정산 결과를 확인할 수 있습니다.

3월

연말정산 환급금을 수령합니다. 대부분 2월분 월급에 포함해서 받으니, 환급금액이 정확히 들어왔는지 명세서를 꼼꼼히 체크하세요.

34

연말정산에
유리한 건 어느쪽?
신용카드 vs 체크카드

직장인이 늘 궁금해 하는 질문 TOP3 신용카드냐 체크카드냐, 그것이 문제로다! 신용카드의 다양한 혜택이 나을지, 체크카드의 높은 소득공제율이 나을지, 어느 쪽이 정답일까요?

신용카드와 체크카드, 연말정산 승자는 누구?

연말정산 관련해서 가장 많이 듣는 질문이 바로 "신용카드가 낫나요, 체크카드가 낫나요?"입니다. 결론부터 말씀 드리자면, 지출금액의 규모에 따라 달라집니다.

소득공제율로 보자면 신용카드는 15%, 체크카드는 30%이니 체크카드가 유리합니다. 하지만 유의하셔야 하는 점은, 연간 소득의 25%는 소득공제가 적용이 안 된다는 사실입니다. 즉 25% 초과분부터 소득공제가 되니까 그때부터 신용카드냐 체크카드냐를 따져야 합니다.

연봉 4000만 원인 직장인 A씨의 예를 들어봅시다. 소득의 25%

까지는 어차피 소비를 해도 소득공제 혜택이 없지요? 4000만 원의 25%면 1000만 원입니다. 따라서 A씨가 연간 1000만 원 이상 쓰지 않으면 소비로 인한 소득공제 혜택은 적용 받지 못합니다. 즉, 소득공제를 많이 받고 싶으면 소비를 많이 해야만 하는 상황입니다. 1년간 소비로 지출하는 돈이 소득의 25%가 넘지 않는 경우라면 어느 걸 쓰든지 신경 안 써도 된다는 말입니다. 돈을 잘 모으고 아껴 쓰는 짠돌이 짠순이라면, 어느 카드를 쓰든 상관없겠지요.

이걸 실생활에 적용한다면, 소득의 25%까지는 신용카드를 쓰는 편이 낫습니다. 아무래도 신용카드가 체크카드보다 많은 혜택을 제공하니까요. 소비금액이 소득의 25%를 넘으면 그때부터는 체크카드를 씁니다. 체크카드의 소득공제율이 신용카드의 두 배라는 점을 꼭 기억하세요.

아까처럼 연봉 4000만 원인 A씨가 1년 동안 1500만 원을 썼다고 가정하겠습니다. 연봉의 25%인 1000만 원은 소득공제에 포함되지 않으니, 나머지 500만 원만 소득공제 적용을 받습니다. 이 500만 원을 체크카드로 썼다고 가정하면 500만 원×30%(체크카드 소득공제율) = 150만 원을 공제 받습니다. 그러면 이 150만 원을 연말정산에 환급 받느냐 하면 그것도 아닙니다. 연봉 4000만 원의 종합소득세율을 적용하면, 150만 원×16.5%(종합소득세율+지방소득세) = 24만7500원을 환급 받습니다.

체크카드 대신 신용카드를 썼다면 환급 금액이 어떻게 달라질까

요? 500만 원×15%(신용카드 소득공제율) = 75만 원에서, 75만 원×
16.5% (종합소득세율+지방소득세) = 12만3750원을 환급 받습니다.

돌려받는 돈이 생각보다 크지 않죠? 그래서 신용카드/체크카드
중 어느 쪽을 사용하느냐를 떠나서 내가 덜 쓰고 더 모으는 게 더
낫습니다. 소비로 인한 소득공제는 많이 써도 찔끔 돌려주니, 차라
리 덜 쓰고 많이 모으는 게 최고의 재테크입니다.

현금영수증과 직불카드는 어떻게 계산하나?

앞의 설명에서는 편의상 신용카드와 체크카드 두 가지로만 분류했지만, 현금영수증도 별도 항목이 있습니다. 그러나 현금영수증은 체크카드와 공제율이 같으니, 하나로 묶어서 보시면 됩니다. 직불카드 역시 체크카드에 포함됩니다. 직불카드는 체크카드와 마찬가지로 계좌 잔액 내에서 이용 가능하지만, 결제 가능한 가맹점 수가 한정되어 있고 대부분 ATM에서 입출금 용도로 쓰입니다.

부모님께 용돈 혹은 생활비를 드린다면?

부모님께 용돈을 드리려면, 본인 이름으로 통장을 개설하고 체크카드를 드리세요. 부모님 용돈도 드리는 효자/효녀 소리도 듣고, 소득공제도 더 많이 받는 일석이조 효과를 누릴 수 있습니다.

연말정산에 유리한 금융 상품은?

가뜩이나 챙겨야 할 금융 상품이 많은데, 연말정산까지 언제 신경 쓰냐고요? 복잡한 당신의 머릿속을 정리해줄 연말정산용 금융상품 가입 요령을 소개합니다.

연말정산 특화상품 총정리

주택청약, 소장펀드, 연금저축, 보장성 보험 — 이 중에서 가입해 둔 금융상품이 있다면 체크하세요! 모두 소득공제/세액공제 받을 수 있는 상품입니다.

1. 주택청약 : 납입금액의 40% 소득공제

주택청약은 무주택세대주가 아니면 소득공제를 못 받습니다. 쉽게 말해, 독립해서 따로 전입신고를 해야만 합니다. 부모님 집에서 살고 있으면 받을 수 없다는 이야기지요. 그리고 무주택세대주라 하더라도, 별도로 신청하지 않으면 소득공제를 적용받을 수 없습니다. 등본과 무주택서약서를 은행에 제출해야 합니다.

▶ 소득공제 장기펀드 납입금액의 40% 소득공제를 받을 수 있습니다. 아쉽게도 2015년 이후로는 가입할 수 없지만, 기존에 가입해 두었다면 잊지말고 활용하세요.

공제 한도 240만 원

납입금액×주택청약 소득공제율×(종합소득세율+지방소득세)

240만 원×40%×16.5% = 15만8400원

2. 연금저축 : 납입금액의 12% 세액공제

연금저축은 소득공제와 달리 세액공제가 적용되는데, 한도가 400만 원입니다. 연간 400만 원을 부으면 그 12%인 48만 원을 공제 받는다는 뜻이죠. 저 금액이 연말정산 때 환급 받는 금액이라고 보시면 됩니다. 참고로 세액공제에 지방소득세도 포함해서 공제 받게 되니, 결론은 48만 원이 아닌 52만8000원이 최종 환급 금액입니다.

공제 한도 400만 원

납입금액×(세액공제율+지방소득세)

400만 원×13.2% = 52만8000원

3. 보장성 보험 : 납입금액의 12% 세액공제

연금저축과 마찬가지로 12만 원을 연말정산 때 환급 받습니다. 물론 지방소득세 1.2%를 더하면 13.2%를 환급 받으므로 실제 금액은 13만2000원이 됩니다. 여기서 보장성 보험은 일반적으로 우리가 아는 종신보험/암보험/실비보험 등을 가리킵니다.

공제 한도 100만 원

납입금액×(세액공제율+지방소득세)

100만 원 ×13.2% = 13만2000원

금융상품 환급금액 계산법

연봉 3000만 원을 받는 직장인 A씨는 작년 한 해, 주택청약과 연금저축 그리고 보장성 보험을 각각 월 10만 원(연 120만 원)씩 납부했습니다. 연말정산 때 받는 환급금은 얼마일까요?

1) 소득공제 항목: 주택청약

연간 납부금액×주택청약 소득공제율×(종합소득세율＋지방소득세)

120만 원×40%×16.5% = 7만9200원

2) 세액공제 항목: 연금저축, 보장성 보험

연금저축 연간 납부금액×(세액공제율＋지방소득세)

120만 원×13.2% = 15만8400원

보장성 보험 공제 한도×(세액공제율＋지방소득세)

100만 원×13.2% ＝ 13만2000원

☞ 금융 상품을 통해 받는 연말정산 환급금은 36만9600원입니다.

　　내년도 연말정산 때 13월의 월급을 받고 싶다면, 지금부터라도 서둘러 준비합시다. 저축도 하고 세금도 돌려받는 이중효과를 누릴 수 있습니다.

36

조금이라도 월세를
돌려받을 수 있다고?

우리나라 원룸의 평균 월세는 얼마일까요? 서울/수도권은 40만 원, 경기도/광역시는 35만 원, 기타 지역은 30만 원이라고 합니다. 거기에 관리비, 공과금까지 더해지면 자취생은 서러워집니다. 내 돈을 뜯어 가는 월세깡패 극복 프로젝트!

내 월세를 돌려줘

2013년부터 월세 소득공제를 받을 수 있는 범위가 주거용 오피스텔까지 넓어진 데다, 2014년부터는 공제 자격도 완화되고 세액공제 방식으로 바뀌어 환급액이 늘었습니다. 직장에 들어가면서 독립해서 살게 된 분들에게는 희소식이죠! 가뜩이나 비싼 전세금을 마련하기 힘들어 매달 월세 내는 사회인을 위한 월세 돌려받기 비법, 월세 세액공제 나도 받을 수 있을지 따져 봅시다.

월세 세액공제는 총 급여 7000만 원 이하의 근로자를 대상으로 하며, 월세 지불액의 10%까지 돌려받을 수 있습니다. 공제 한도는 연간 750만 원으로, 1년 동안 750만 원을 월세로 냈다면, 10%인 75만 원을 환급 받는다는 뜻입니다.

이렇게 유용한 제도인데, 정작 이용하는 사람은 단 5% 수준이라고 합니다. 몰라서 못 받는 것처럼 아쉬운 일이 없지요. 그렇다면 먼저 내가 공제 조건에 해당하는지 알아볼까요? 조건이 상당히 많아 보여도, 일반적인 계약에 따라 작성했다면 대부분 해당됩니다.

월세 세액공제 조건	월세 세액공제 필요 서류
1. 무주택세대주 2. 계약서와 주민등록상 주소 동일 3. 전입신고 필수 4. 월세 본인명의 통장 / 무통장 납입 5. 25평 이하	1. 주민등록등본 2. 임대차계약서 사본 3. 월세 이체가 인증되는 서류 　　(계좌이체확인서, 무통장입금 영수증 등)

이 중에서 집주인에게 월세를 지급한 이체 내역은 필수이니, 통장사본을 준비하거나 인터넷뱅킹으로 미리 프린트해 두세요.

집주인 눈치 보느라 환급 못 받는 시대는 옛말!

방법이야 간단하지만 신청하자니 현실적으로 쉽지 않지요? 세입자는 어디까지나 '을'의 입장이기 때문에 집주인인 '갑'의 눈치를 보는 일이 많으니까요. 아직 직장 생활이 오래되지 않은 직장인이라면 모은 돈이 많지 않아 전세에 살기보다는 월세에 사는 비중이 많은데, 많은 분들이 아직까지 세액공제를 받지 못하고 있습니다. 주거비 지원의 사각지대에 처한 청년층을 위해 제도 개편이 시급한 시점입니다.

다행히도, 집주인 눈치를 보느라 월세공제를 신청하기 어려웠던 예전보다는 조금 수월해졌습니다. 해당 연말정산 때 신청하지 않더라도 5년 이내 청구하면 돌려받을 수 있으니, 잘 활용하세요! 보통 집 계약이 2년인 걸 감안하자면, 계약 만료 후에 한꺼번에 신청하면 됩니다. 2015년도 월세 지급액이라면 최대 2021년 5월까지 접수할 수 있거든요. 즉, 조건에 맞춰 서류를 챙겨 두었다가 이사 후에 신청해도 됩니다.

참고로, 집주인의 임대소득이 2000만 원 이하라면 과세 대상이 아닙니다. 집주인이 세금부담 때문에 월세영수증을 발급하길 꺼린다면 이 점을 적극 어필하세요.

전세자금대출과 주택담보대출도 공제받아요

월세세액공제 말고도 전세자금대출과 주택담보대출도 공제받을 수 있는 길이 있습니다.

먼저, 전세자금대출 원리금 상환액의 40%를 연 300만 원 한도로 소득공제 받을 수 있습니다. 원리금상환액이란 원금과 이자를 갚은 금액을 가리킵니다. 이번 연도에 전세자금대출을 이자 포함하여 매달 50만 원씩 갚았다면, 얼마를 환급받을 수 있을까요?

이처럼 전세자금대출도 상환해 나가면서 세금 혜택도 빼놓지 말고 챙겨 가세요.

또한 주택담보대출에 대해서는 이자상환액을 100% 소득공제 받습니다. 무주택 세대주가 신규로 주택을 구입할 때 장기상환을 하는 경우 눈여겨보면 됩니다. 15년 이상 상환기간을 설정하고 고정금리 및 비거치식 분할상환 방식을 선택한 경우, 최대 1800만 원까지 소득공제를 받습니다. 주택담보대출 이자를 매달 30만 원씩 냈다면, 환급받는 금액은 얼마나 될까요?

월세도 전세대출도 주택담보대출도, 연말정산 때 알뜰살뜰 챙기는 재테크 고수가 되어 봅시다!

월세 세액공제 조건에 해당이 안 될 땐?

월세 현금영수증을 신청해서 조금이라도 소득공제 항목에 보탭니다. 매월 지급하는 월세를 국세청에 신고하고 현금영수증을 받으면, 이 금액은 신용카드 등 사용금액에 대한 소득공제에 합산이 됩니다.

월세 현금영수증 받는 법

기존 현금영수증 사이트는 홈택스로 통합되었으니, 국세청홈택스 홈페이지를 방문합니다. (www.hometax.go.kr) 현금영수증 민원신고 가운데 '주택임차료신고' 항목이 있습니다. 내용을 기재하고 증빙자료를 첨부하면 끝!

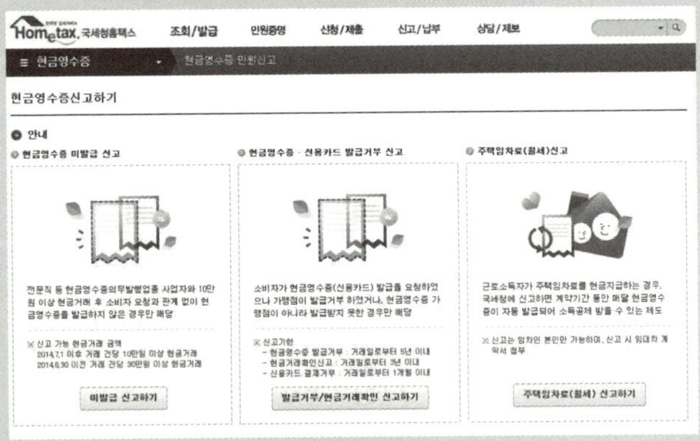

*필요한 서류 : 전입신고 이후 주민등록증 사본, 임대차계약서 사본, 전 달 월세납입증명서

37

연말정산 기타 공제,
빼 놓지 않고 챙겨 받으려면?

연말정산 끝판왕, 기타공제! 이 항목들까지 숙지하고 있다면 당신은 연말정산 마스터,

연말정산의 '신'이라 불릴 수 있습니다. 마지막까지 힘내서 알아봅시다.

부모님을 모시면 세금이 줄어든다

연소득 500만 원 이하의 부모님, 배우자, 자녀, 형제자매를 부양가족으로 등록하면 1인당 150만 원이 소득공제 됩니다. '부양가족'이라는 이야기를 들으면, 직접 모시고 살아야만 할 것 같은 느낌이 들지요? 하지만 꼭 그렇지 않습니다. 주소지가 달라도 가능하니, 놓치지 말고 등록하세요.

특히 의료보험을 대신 내고 있으니 당연히 등록되어 있겠거니 생각하는 경우가 많은데, 연말정산 부양가족은 별도로 신청해야만 합니다. 소득 조건과 나이 조건을 확인하고 등록하면 됩니다. 또한 이중으로 공제받을 우려가 있으니, 형제자매 가운데 이미 부모님을 부양가족으로 등록한 사람이 없는지도 체크하세요.

　　부양가족 등록은 국세청 연말정산 간소화 서비스를 이용하시면 됩니다. 다음 그림에서 보이듯 '자료제공동의'에서 등록하면 됩니다.

≡ 연말정산간소화　▼　신청　자료제공동의신청

소득·세액공제자료 제공동의 신청

- 소득·세액공제자료 제공동의 신청을 하실 수 있습니다.
- 신청하기 버튼 클릭 시 공인 인증서, 이동전화(휴대폰), 신용카드 인증 방법을 선택 하실 수 있습니다.
- 팩스 및 세무서 방문을 통해 소득·세액공제자료를 제출하실 고객님께서는 팩스 신청서 제출하기 또는 세무서 직접 제출안내 버튼을 클릭해 주세요.

◉ 제공동의 신청정보 입력　　안내화면으로 돌아가기　팩스 신청서 제출하기　세무서 직접 제출안내
◉ 자료 조회자 (자료를 조회하는 사람 - 근로소득자)

성명		주민등록번호	-

◉ 자료 제공자 (자료를 제공하는 사람 - 근로소득자의 부양가족)

성명		주민등록번호	-
관계	은(는)　의 직계존속(부모,조부모 등) ▼ 입니다.		
동의범위	2015년 ▼ 부터 이후연도 자료 ▼		

의 연말정산간소화 자료를 이(가) 조회함에 동의합니다.

신청하기

세세한 항목까지 모두 챙겨야 진짜 연말정산 고수!

1. 의료비 15% 세액공제

부모님, 자녀, 배우자 등 모든 부양가족의 의료비를 한 사람이 몰아서 받는 것도 가능합니다. 어차피 나간 지출이라면, 가장 많이 돌려받을 수 있는 사람에게 '몰빵'하는 게 유리하겠죠? 직장에 다니는 가족 중 소득이 낮은 사람에게 몰아주는 편이 좋습니다. 왜냐하면

'연 소득의 3% 이상' 초과 지출분부터 적용되는 까닭입니다. 소득이 높을수록 공제 기준 금액이 높아지거든요.

공제 가능한 의료비는 진찰, 치료를 위한 지출을 통칭합니다. 라식수술, 임플란트, 인공수정 및 출산비용도 포함되지만, 미용 목적의 성형수술비는 당연히 제외되겠죠? 또한 의약품(한약 포함)은 적용되지만, 건강기능식품은 안 되니 미리 구분하세요.

안경/콘택트렌즈 구입비도 의료비에 들어갑니다.(연 50만 원) 다만 젊은 층에 인기 많은 컬러렌즈, 서클렌즈는 포함되지 않아요. 시력보정용 한정이니, 영수증을 잊지 말고 챙겨 두세요. 연말정산 간소화시스템에서 조회가 되지 않아, 직접 제출해야 합니다.

만약 작년에 놓친 의료비 영수증을 이제야 발견했다면 어떻게 해야 할까요? 놓쳤으니 끝이라고 포기하지 말고, 해당 의료기관에서 영수증을 발급받아 제출하세요. 5년 안에 추가 환급 신청이 가능합니다.

2. 교육비 15% 세액공제

근로자 본인의 교육비는 전액공제, 부양가족은 일부가 공제됩니다. 여기서 근로자 교육비는 대학원(주야간) 등록금, 직업능력개발 훈련시설 수강료를 가리키고, 사설 외국어학원 등은 포함되지 않아요.

가족들의 교육비로는 미취학아동부터 고등학생까지는 1명당 300만 원까지 공제됩니다. 미취학아동의 학원/유치원비를 포함해

초, 중, 고등학생의 방과후 학교 수업료, 교재비, 교복구입비, 급식비도 가능합니다. 아직 어린 동생이 있다면 영수증을 꼼꼼하게 챙겨놓으세요. 대학생은 1명당 900만 원까지 적용됩니다. 대학 등록금이 만만치 않은 만큼 한도가 많이 늘었죠? 사이버대학 역시 가능합니다.

주의할 점으로는 초, 중, 고등학생의 사설 학원비는 공제 적용되지 않아요. 또한 대학원 등록금 역시 포함되지 않습니다.

3. 기부금 15% 세액공제

좋은 뜻으로 기부금까지 냈는데, 연말정산 시스템에서 알아서 처리해 주면 얼마나 좋을까요? 간혹 자동으로 적용되기도 하지만, 일일이 서류를 제출해야 하는 경우도 많습니다. 지정기부금단체로 등록된 곳에서는 연말정산 시즌이 되면 영수증 발급 안내가 날아오기도 하니, 꼭 확인해서 서류 제출하세요.

게다가 기부에는 종교단체도 포함된다는 사실 알고 계셨나요? 교회 다니시는 분들 가운데 헌금이나 십일조를 내시는 분이 많을 겁니다. 그것도 15% 세액공제 됩니다. 영수증 끊는 게 번거로울 수는 있지만, 납세자로서 얻을 수 있는 당당한 권리이므로 꼭 세액공제 받으시고요. 구호물품이나 사회복지관에 기부한 금액과 물품도 인정됩니다. 또 특별재난지역에 자원봉사한 경우 1일당 5만 원을 기부금으로 인정받을 수 있습니다.

이제 연말정산 어느 정도 감이 잡히시나요? 이 밖에도 여러 가지 세세한 항목(출산/입양 공제, 다자녀 추가 공제 등)이 더 있습니다만, 우리 2030세대가 챙겨야 할 대표적인 연말정산 항목이 위의 항목들입니다. 이제 어느 정도 큰 틀을 알았으니, 내게 더 추가적으로 적용되는 항목이 있는지 직접 알아보는 것도 큰 도움이 되겠죠?

이제는 13월의 월급이 아닌 13월의 폭탄이 되어버린 연말정산, 이 폭탄이 내게서 터지지 않도록 잘 챙겨봅시다!

　　자본주의에서 가장 큰 가치를 갖는 '돈'. 돈만 있으면 무엇이든 할 수 있다는 말이, 어른이 된 지금은 당연하게 느껴집니다.

　　어떤 사람들은 돈이 전부가 아니라고 합니다. 맞는 말이죠. 돈이 인생의 전부가 될 수 없습니다. 우리 인생에는 그보다 더 소중한 가치가 많으니까요. 하지만 나의 소중한 가치가 무엇이건 결국 인생의 궁극적인 목적은 '행복'일 겁니다. 그렇게 보자면 돈도 행복의 수단에 지나지 않습니다.

　　그럼에도 불구하고 저는 항상 돈의 중요성을 강조합니다. 돈 없이도 행복할 수 있지만, 그럴 가능성이 낮기 때문입니다. 물론 돈이 행복의 절대조건은 아니지만, 돈이 있으면 경제적 요건을 제외하고

내가 진정으로 원하는 행복을 추구할 수 있는 배경이 마련된 것이
므로 행복은 50%에서 시작한다고 봅니다. 나머지 50%만 채우면
되겠지요.

그러나 돈이 없다면 내가 원하는 것을 하기 전에 현실적인 돈 걱
정부터 해야 합니다. 즉, 현실적인 요건을 신경 안 쓰고 순수 나 자
신만의 행복을 추구할 수 없으므로 행복은 0%에서 시작합니다. 누
가 더 행복할 가능성이 높을까요? 둘 다 행복할 수 있겠지만 돈이
충분한 사람이 행복할 가능성이 높으리라고 생각합니다. 사람마다
가치관과 생각이 다르겠지만, 적어도 저는 위와 같이 생각합니다.
제 경험에서 스스로 내린 결론입니다.

철없는 생각일지도 모르지만 저는 지금껏 돈으로 인해 충분한
행복을 누리지 못했습니다. 남들은 당연하게, 평범하게 하는 것들
을 구경만 하거나 부러워만 했으니까요. 가끔은 창피하기도 했습니
다. 그래도 성인이 되어 경제적으로 자립하니 조금 여유가 생겼습
니다. 여유가 생긴 만큼 그 자리에 그만큼의 행복이 채워졌습니다.
여전히 돈 걱정은 제 머리 한구석을 차지하고 있지만, 그래도 어느
정도의 경제적 자유를 얻었다는 것만으로도 행복합니다.

아마 돈 없이도 행복할 수 있다고 믿는 분들은 이전에 돈 때문에
크게 고민한 적이 없을 겁니다. '돈 없는 설움'을 겪어 보지 않았기
때문이죠. 남들에겐 일상과도 같은 일들이 어떤 이에겐 간절한 소
원이 되기도 합니다. 진짜 가난한 사람은 결코 돈 없이 행복할 수

있다는 생각을 하지 않습니다.

대한민국 자본주의 시대를 살아가는 우리는 돈에서 벗어날 수 없습니다. 그렇다면 인정해야 합니다. 좀 더 나은 삶을 살기 위해 돈이 필요하단 사실을. 돈의 노예가 되어 금전적인 것에만 매달리라는 말이 아닙니다. 나의 행복을 위해서라도 돈을 정확하게 알아야 한다는 뜻입니다. 돈을 벌려고 죽어라 노력하는데 정작 돈의 가치와 활용법은 모른다면, 앞뒤가 바뀐 게 아닐까요?

'돈'의 가치를 깨닫고 '돈'을 알고 '돈'을 활용할 줄 아는 여러분이 되길 바랍니다.

지은이 정환용

2015년 12월

책 읽고 궁금하신 점은 언제든지 문의주시기 바랍니다.

카카오톡 ID_ 부의방정식

페이스북 검색_ 정환용의 부의방정식

인스타그램 ID_ 2030boo

블로그_ blog.naver.com/88boo

Copyright ⓒ 2015 by Jeumedia Co., LTD

All rights reserved.

이 책은 저작권법에 따라 보호 받는 저작물이므로 무단전재와 무단복제를 금지하며, 이 책 내용의 전부 또는 일부를 이용하려면 반드시 저작권자와 (주)제우미디어의 서면 동의를 받아야 합니다.

초판 1쇄 | 2015년 12월 24일
초판 7쇄 | 2017년 1월 2일

지은이 | 정환용
펴낸이 | 서인석
펴낸곳 | (주)제우미디어
출판등록 | 제 3-429호
등록일자 | 1992년 8월 17일
주소 | 서울특별시 마포구 독막로 76-1(상수동) 한주빌딩 5층
전화 | (02)3142-6845
팩스 | (02)3142-0075
홈페이지 | www.jeumedia.com

ISBN | 978-89-5952-455-6 13320
※파본은 본사나 구입하신 서점에서 교환해 드립니다.

제우미디어 페이스북 | www.facebook.com/jeumedia
제우미디어 블로그 | blog.naver.com/jeumediablog

만든 사람들
출판사업부 총괄 손대현 | **편집장** 전태준
책임 편집 김혜리 | **기획** 홍지영, 여인우, 김주원, 문대현, 이유리
제작 김금남 | **영업** 김영욱, 박임혜